Cuisine Express au Micro-Ondes

Facilité et Rapidité au Service de la Gourmandise

Élise Dubois

Content

Cheesecake aux fruits et au beurre de noix 14
Gâteau au gingembre confit 15
Gâteau au gingembre confit et à l'orange 16
Pain d'épices aux noix 17
Pain d'épices au gingembre 19
Gâteau au sirop de gingembre 20
Pain d'épices traditionnel 20
Biscuits au pain d'épices à l'orange 22
Gâteau au café et aux abricots 22
Gâteau au rhum et à l'ananas 23
Riche gâteau de Noël 24
Gâteau Simnel rapide 26
Gâteau aux grenouilles 27
Gâteau aux fruits simple 29
Gâteau aux dattes et aux noix 30
Tarte aux carottes 31
Tarte aux panais 33
Gateau à la citrouille 33
Gâteau scandinave à la cardamome 34
Pain au thé aux fruits 36
Gâteau-sandwich Victoria 37
Tarte aux noix 38

Gâteau aux caroubes *39*

Gâteau au chocolat facile *40*

Gateau au amandes *40*

Gâteau-sandwich Victoria *40*

Gâteau éponge au thé de la maternelle *41*

Génoise au citron *42*

Gâteau éponge à l'orange *43*

Gâteau au café expresso *43*

Gâteau au café expresso avec glaçage à l'orange *44*

Gâteau à la crème au café expresso *45*

Tartes aux raisins *45*

Cupcakes à la noix de coco *46*

Biscuits aux pépites de chocolat *47*

Gâteau aux bananes épicé *47*

Gâteau aux bananes épicé avec glaçage à l'ananas *48*

Glaçage à la crème au beurre *49*

Glaçage au chocolat noir *49*

Tranches fruitées de santé *50*

Tranches santé fruitées aux abricots *51*

Biscuit au beurre écossais *52*

Biscuits extra croquants *52*

Pâte extra onctueuse *53*

Biscuits épicés *53*

Pâte brisée à la hollandaise *53*

Boules de cannelle *53*

Schnaps au brandy doré *54*

Sucettes au chocolat et au brandy *56*

Scones-sandwichs *56*
Scones aux raisins... *58*
Pain... *58*
Pâte de base pour pain blanc *59*
Pâte à pain noir de base *60*
Pâte de base pour pain au lait *60*
Pain Bap *61*
Rouleaux de bap.. *61*
Pain à hamburger *62*
Rouleaux Sweet Bap aux fruits *62*
Rifts de Cornouailles *62*
Rouleaux fantaisie... *63*
Petits pains avec garnitures.. *63*
Pain aux graines de cumin.. *64*
pain de seigle *64*
Pain à l'huile.. *65*
Pain Italien *65*
Pain espagnol *66*
Pain Tikka Masala... *66*
Pain aux fruits maltés *67*
Pain soda irlandais... *69*
Pain soda au son... *70*
Pain rassis rafraîchissant *70*
Pittas grecques.. *71*
Gelée de porto et cerises.. *71*
Gelée de cerises au cidre *72*
ananas cuit... *73*

Vin chaud aux fruits de Sharon	74
Pêche chaude	74
Ampoules roses	75
Pudding de Noël	76
Pudding aux prunes au beurre	77
Pudding aux prunes à l'huile	78
Soufflé aux fruits en verre	78
Pudding de Noël presque instantané	79
Pudding de Noël ultra fruité	82
Crumble aux prunes	83
Crumble aux prunes et pommes	84
Crumble aux abricots	84
Crumble de petits fruits aux amandes	84
Crumble poire-rhubarbe	84
Crumble nectarine et myrtille	85
Pomme Betty	86
Nectarine ou Pêche Betty	87
Pudding râpé du Moyen-Orient aux noix	87
Cocktail de fruits d'été	88
Compote de dattes et bananes du Moyen-Orient	89
Salade de fruits secs mélangés	90
Pouding aux pommes et aux mûres	91
Pouding au citron et aux mûres	92
Pouding au citron et aux framboises	93
Pudding renversé aux abricots et aux noix	94
dessert banane et glace vanille-FLAMBE	96
Gâteau aux épices du Mississippi	97

Pudding de la Jamaïque *99*
Tarte à la citrouille *100*
Tartelette au sirop d'avoine *102*
Flan de génoise à la noix de coco *103*
Gâteau Bakewell facile *105*
Gâteau de papa émietté *105*
Pudding au pain et au beurre *107*
Pain au citron et pudding au beurre *108*
Crème aux œufs au four *109*
Pouding à la semoule *110*
Bouillie de riz moulu *111*
Pudding au sirop de suif cuit à la vapeur *111*
Pudding à la confiture ou au miel *112*
Pouding au gingembre *112*
Pudding à la confiture de champignons *113*
Pudding aux champignons et au citron *113*
Crêpes Suzette *114*
Pommes cuites *116*
Bœuf braisé et légumes *117*
Ragoût de bœuf *118*
Ragoût de boeuf et légumes *119*
Bœuf au curry *120*
Papa basique *121*
Gâteau cottage *122*
Gâteau à la ricotta et au fromage *122*
Hacher avec de l'avoine *123*
Piment avec de la viande *123*

sauce au curry	124
Goulasch de boeuf	125
Goulasch de bœuf aux pommes de terre bouillies	126
Ragoût de haricots beurre et de bœuf aux tomates	126
Tarte au bœuf et aux tomates	127
Brochette de boeuf et champignons	128
Agneau farci	130
Brochette d'agneau à la menthe	131
Brochette d'agneau classique	132
Agneau du Moyen-Orient aux fruits	133
Faux ragoût irlandais	134
La fermière Côtelettes d'agneau	135
ragoût d'agneau	136
Pain d'agneau à la menthe et au romarin	137
Ragoût d'agneau aux tomates cerises	138
Lamb Biryani	139
Biriani garni	140
Moussaka	141
Moussaka aux pommes de terre	142
Moussaka rapide	143
viande d'agneau	145
Pâté chinois	145
Foie de campagne au vin rouge	146
Foie et bacon	147
Foie et bacon à la pomme	148
Rognons au vin rouge avec du cognac	149
Steaks de gibier aux pleurotes et gorgonzola	151

Préparation de petites pâtes *152*
Salade chinoise de nouilles et champignons aux noix *152*
Macaroni au poivre *153*
Macaroni au fromage familial *154*
Macaroni classique et fromage *155*
Macaroni au fromage au Stilton *156*
Macaroni au fromage et bacon *156*
Macaroni au fromage et tomates cerises *157*
Spaghetti carbonara *157*
Macaroni pizzaiola *158*
Crème de spaghetti aux oignons nouveaux *160*
Spaghetti bolognaise *160*
Spaghetti au ragoût de dinde à la bolognaise *161*
Spaghettis à la sauce tomate *162*
Spaghettis au beurre *164*
Pâtes à l'ail *164*
Spaghetti bolognaise au bœuf et légumes variés *165*
Spaghetti à la sauce à la viande et à la crème *167*
Spaghetti à la sauce à la viande Marsala *167*
Pâtes marinara *168*
Pâtes matriciennes *169*
Pâtes au thon et câpres *170*
Pâtes napolitaines *171*
pâte à pizza *172*
Pâtes aux petits pois *172*
Pâtes à la sauce au foie de poulet *172*
Pâtes aux anchois *173*

Raviolis à la sauce *173*
tortellinis *174*
lasagne *175*
Pizzas napolitaines *176*
Pizza Margarita *177*
Pizza aux fruits de mer *177*
Pizzas siciliennes *177*
Pizza aux champignons *177*
Pizza au jambon et à l'ananas *178*
Pizzas au pepperoni *178*
Amandes effilées au beurre *179*
Amandes effilées au beurre à l'ail *179*
Châtaignes séchées *179*
Herbes séchées *180*
Chapelure croustillante *181*
Burger aux noix *182*
Tarte aux noix *183*
Sarrasin *184*
bulgare *185*
Bulgare à l'oignon frit *186*
taboule *187*
Salade du Sultan *188*
couscous *189*
Grain *190*
Gnocchis à la romaine *191*
Gnocchis au jambon *192*
Mile *193*

Polenta	194
Polenta grillée	195
Polenta au pesto	195
Polenta aux tomates séchées ou pâte d'olive	195
quinoa	196
polenta roumaine	197
riz au curry	198
Casserole de ricotta et riz	199
Risotto italien	200
Risotto aux champignons	201
Riz brésilien	201
Riz à l'espagnole	202
Pilaf turc ordinaire	203
Pilaf turc riche	204
Riz thaï à la citronnelle, feuilles de citron vert et noix de coco	205
Gombo au chou	207
Chou rouge à la pomme	208
Chou rouge au vin	210
Choucroute norvégienne	210
Compote de gombo grec aux tomates	211
Légumes verts avec tomates, oignons et beurre de cacahuète	212
Betteraves à la crème aigre-douce	213
Betterave à l'orange	214
Céleri-rave pelé	215
Céleri à la sauce hollandaise à l'orange	216
Ragoût de légumes minceur	217
Casserole de légumes avec des œufs plus minces	217

Ratatouille *219*
Panais caramélisés *220*

Cheesecake aux fruits et au beurre de noix

Pour 8 à 10 personnes

Un cheesecake de style continental, comme on en trouve dans une pâtisserie de qualité.

45 ml/3 cuillères à soupe d'amandes effilées
75 g/3 onces/2/3 tasse de beurre
175 g/6 onces/1½ tasse de craquelins à l'avoine (biscuits) ou de craquelins digestifs (biscuits Graham), émiettés
450 g/1 lb/2 tasses de caillé (cottage onctueux) à température de la cuisine
125g/4oz/½ tasse de sucre cristallisé (super fin).
15 ml/1 cuillère à soupe de farine de maïs (amidon de maïs)
3 œufs, à température de cuisson, battus
Jus de ½ citron vert ou citron frais
30 ml/2 cuillères à soupe de raisins secs

Placez les amandes dans une assiette et faites-les rôtir à découvert à feu vif pendant 2-3 minutes. Faire fondre le beurre à découvert tout en décongelant pendant 2 à 2½ minutes. Beurrez bien un moule de 20 cm de diamètre et recouvrez le fond et les côtés de biscuits. Battre le fromage avec tous les autres ingrédients et incorporer les amandes et le beurre fondu, répartir uniformément sur la chapelure de biscuit et couvrir légèrement de papier absorbant. Cuire en décongelant pendant 24 minutes en retournant le plat quatre fois. Sortez-le du micro-ondes et laissez-le refroidir. Laisser refroidir au moins 6 heures avant de couper.

Gâteau au gingembre confit

Pour 8 personnes

225 g/8 oz/2 tasses de farine auto-levante (auto-levante).
10 ml/2 cuillères à café d'épices mélangées (tarte aux pommes).
125 g/4 oz/½ tasse de beurre ou de margarine, à température ambiante
125 g / 4 oz / ½ tasse de cassonade molle légère
100 g/4 oz/1 tasse de gingembre émincé au sirop
2 oeufs battus
75 ml/5 cuillères à soupe de lait froid
Glaçage (pâtisserie) pour le séchage

Tapisser hermétiquement un soufflé de 20 cm de diamètre ou un plat similaire à bords droits de film alimentaire (film alimentaire) afin qu'il dépasse légèrement du bord. Tamisez la farine et les épices dans un bol. Frotter finement le beurre ou la margarine. Saupoudrer de sucre et de gingembre en veillant à ce qu'ils soient uniformément répartis. Mélanger jusqu'à consistance lisse avec les œufs et le lait. Une fois uniformément mélangé, verser dans le moule préparé et couvrir légèrement de papier absorbant. Cuire à feu vif pendant 6½ à 7½ minutes, jusqu'à ce que le gâteau soit bien levé et commence à rétrécir sur les côtés. Laisser agir 15 minutes. Transférer sur une grille en gardant dans un film alimentaire. Retirez le papier d'aluminium une fois refroidi et conservez le gâteau dans un récipient hermétique.

Gâteau au gingembre confit et à l'orange

Pour 8 personnes

Préparez comme pour le gâteau au gingembre confit, mais ajoutez le zeste grossièrement râpé d'1 petite orange avec l'œuf et le lait.

Pain d'épices aux noix

Pour 8 à 10 personnes

Un gâteau étoilé, plein de douceur et de lumière. Il est d'origine grecque, où il est connu sous le nom de karithopitta. Servez-le avec du café en fin de repas.

Pour le socle :
100 g/3½ oz/½ tasse de beurre, à température de la cuisine
175 g/6 onces/¾ tasse de cassonade légère et molle
4 œufs, à température de la cuisine
5 ml/1 cuillère à café d'essence de vanille (extrait)
10 ml/2 cuillères à café de bicarbonate de soude (levure chimique)
10 ml/2 cuillères à café de levure chimique
5 ml/1 cuillère à café de cannelle moulue
75 g / 3 oz / ¾ tasse de farine tout usage
75 g/3 oz/¾ tasse de farine de maïs (amidon de maïs)
100 g/3½ oz/1 tasse d'amandes effilées

Pour le sirop :
200 ml/7 fl oz/petit 1 tasse d'eau chaude
60 ml/4 cuillères à soupe de cassonade noire et molle
5 cm/2 pouces d'un morceau de bâton de cannelle
5 ml/1 cuillère à café de jus de citron

150 g/5 oz/2/3 tasse de miel foncé clair

Pour la décoration :
60 ml/4 cuillères à soupe de mélange de noix hachées
30 ml/2 cuillères à soupe de miel foncé clair

Pour réaliser le fond, tapissez soigneusement le fond et les côtés d'un plat à soufflé de 18 cm de diamètre de film alimentaire (film alimentaire), en le laissant légèrement dépasser du bord. Placer tous les ingrédients sauf les amandes dans le bol d'un robot culinaire et mélanger jusqu'à obtenir une consistance lisse et uniforme. Mixez brièvement les amandes pour éviter qu'elles ne se décomposent trop. Étalez le mélange dans le plat allant au four préparé et couvrez légèrement de papier absorbant. Cuire à puissance élevée pendant 8 minutes, en retournant le plat deux fois, jusqu'à ce que le gâteau ait considérablement gonflé et que le dessus soit parsemé de petites poches d'air. Laisser agir 5 minutes, puis retourner sur une assiette peu profonde et retirer le film alimentaire.

Pour préparer le sirop, placez tous les ingrédients dans un pichet et faites bouillir, à découvert, à feu vif pendant 5 à 6 minutes, ou jusqu'à ce que le mélange commence à bouillir. Surveillez-le s'il commence à bouillir. Laisser agir 2 minutes, puis remuer délicatement avec une cuillère en bois pour bien mélanger les ingrédients. Versez lentement sur le gâteau jusqu'à ce que tout le liquide soit absorbé. Mélangez les noix et le miel dans une soucoupe. Chauffer à découvert pendant 1 1/2 minute maximum. Étaler ou verser sur le dessus du gâteau.

Pain d'épices au gingembre

Pour 10 à 12 personnes

45 ml/3 cuillères à soupe de marmelade d'orange
225 g/8 oz/1 tasse de miel foncé clair
2 oeufs
125 ml/4 fl oz/½ tasse d'huile de maïs ou de tournesol
150 ml/¼ pt/2/3 tasse d'eau chaude
250g / 9oz / 2 tasses généreuses de farine auto-levante (auto-levante).
5 ml/1 cuillère à café de bicarbonate de soude (levure chimique)
3 cuillères à café de gingembre moulu
10 ml/2 cuillère à café moulu tout usage
5 ml/1 cuillère à café de cannelle moulue

Tapisser un moule à soufflé profond de 1,75 litre/3 pt/7½ tasse de film alimentaire (film alimentaire) de manière à ce qu'il dépasse légèrement du bord. Placez la confiture, le miel, les œufs, l'huile et l'eau dans un robot culinaire et mélangez jusqu'à consistance lisse, puis éteignez. Tamisez ensemble tous les ingrédients restants et versez dans le bol du robot culinaire. Faites fonctionner la machine jusqu'à ce que le mélange soit bien mélangé. Verser dans le moule préparé et couvrir légèrement de papier absorbant. Cuire à feu vif pendant 10 à 10½ minutes, jusqu'à ce que le gâteau soit bien levé et que le dessus soit recouvert de petits trous d'aération. Laisser refroidir presque complètement dans le moule, puis transférer sur une grille en gardant le film alimentaire. Retirez délicatement le film alimentaire et laissez refroidir complètement. Conserver dans un contenant hermétique pendant 1 jour avant de couper.

Gâteau au sirop de gingembre

Pour 10 à 12 personnes

Préparez comme pour le pain d'épices en pain d'épices, mais remplacez le miel par du sirop doré (maïs léger).

Pain d'épices traditionnel

Pour 8 à 10 personnes

Un conte de fées hivernal du meilleur genre, indispensable pour Halloween et la soirée Guy Fawkes.

175 g/6 onces/1½ tasse de farine nature (tout usage).
15 ml/1 cuillère à soupe de gingembre moulu
5 ml/1 cuillère à café moulu tout usage
10 ml/2 cuillères à café de bicarbonate de soude (levure chimique)
125g/4oz/1/3 tasse de sirop doré (maïs léger).
25 ml/1½ cuillère à soupe de sirop noir (mélasse)
30 ml/2 cuillères à soupe de cassonade foncée et molle
45 ml/3 cuillères à soupe de saindoux ou de shortening blanc de cuisson (shortening)

1 gros oeuf, battu
60 ml/4 cuillères à soupe de lait froid

Tapissez bien le fond et les côtés d'un plat à soufflé de 15 cm de diamètre de film alimentaire (film alimentaire), en le laissant légèrement pendre sur le bord. Tamisez la farine, le gingembre, le piment de la Jamaïque et le bicarbonate de soude dans un bol. Mettez le sirop, la mélasse, le sucre et la graisse dans un autre bol et faites chauffer, à découvert, à feu vif pendant 2½-3 minutes, jusqu'à ce que la graisse soit à peine fondue. Bien mélanger pour combiner. Mélanger les ingrédients secs avec l'œuf et le lait à la fourchette. Une fois bien mélangé, transférer dans le plat préparé et couvrir légèrement de papier absorbant. Cuire à feu vif pendant 3 à 4 minutes jusqu'à ce que le pain d'épices soit bien levé avec un soupçon de glaçage dessus. Laisser agir 10 minutes. Transférer sur une grille, à conserver sous film alimentaire. Retirez le film alimentaire et conservez le pain d'épices dans un récipient hermétique pendant 1 à 2 jours avant de le couper.

Biscuits au pain d'épices à l'orange

Pour 8 à 10 personnes

Préparez comme pour un pain d'épices traditionnel, mais ajoutez le zeste finement râpé d'1 petite orange avec les œufs et le lait.

Gâteau au café et aux abricots

Pour 8 personnes

4 crackers digestifs (crackers Graham), finement hachés
225 g/8 oz/1 tasse de beurre ou de margarine, à température ambiante
225 g/8 oz/1 tasse de sucre brun foncé mou
4 œufs, à température de la cuisine
225 g/8 oz/2 tasses de farine auto-levante (auto-levante).
75 ml/5 cuillères à soupe d'essence de café et de chicorée (extrait)
425 g/14 oz/1 grande boîte de moitiés d'abricots, égouttées
300 ml/½ pt/1¼ tasse de crème double (épaisse).

90 ml/6 cuillères à soupe d'amandes effilées grillées

Badigeonner deux assiettes peu profondes de 8 pouces de diamètre de beurre fondu, puis tapisser le fond et les côtés de chapelure de biscuits. Battre ensemble le beurre ou la margarine et le sucre jusqu'à consistance légère et mousseuse. Battez les œufs un à un et ajoutez 15 ml/1 cuillère à soupe de farine à chacun. Incorporez le reste de la farine en alternance avec 45 ml/3 cuillères à soupe d'essence de café. Répartir uniformément sur les assiettes préparées et couvrir légèrement de papier absorbant. Cuire un à la fois pendant 5 minutes. Laisser refroidir dans les moules pendant 5 minutes, puis démouler sur une grille. Hachez trois abricots et réservez le reste. Fouettez la crème avec le reste de l'essence de café jusqu'à consistance épaisse. Prélevez environ un quart de la crème, ajoutez les abricots hachés et mélangez les gâteaux. Couvrir le dessus et les côtés avec le reste de crème.

Gâteau au rhum et à l'ananas

Pour 8 personnes

Préparez comme pour le gâteau au café et aux abricots, mais omettez les abricots. Aromatisez la crème avec 30 ml/2 cuillères à soupe de rhum brun à la place de l'essence de café (extrait). Incorporez 2 rondelles d'ananas en conserve hachées aux trois quarts de la crème et utilisez-les pour assembler les gâteaux. Couvrir le dessus et les côtés avec le reste de crème et garnir de demi-rondelles d'ananas. Garnir de cerises glacées vertes et jaunes (confites), si désiré.

Riche gâteau de Noël

Donne 1 gros gâteau familial

Un gâteau luxueux, plein de splendeur de Noël et bien garni en alcool. Gardez-le nature ou recouvrez-le de pâte d'amande (pâte d'amande) et de glaçage blanc (glaçage).

200 ml/7 fl oz/petit 1 tasse de xérès doux
75 ml/5 cuillères à soupe de cognac
5 ml/1 cuillère à café d'épices mélangées (tarte aux pommes).
5 ml/1 cuillère à café d'essence de vanille (extrait)
10 ml/2 cuillères à café de cassonade molle et foncée
350 g/12 oz/2 tasses de fruits secs mélangés (mélange à gâteau aux fruits)
15 ml/1 cuillère à soupe de zeste mélangé haché
15 ml/1 cuillère à soupe de cerises rouges glacées (confites).
50 g/2 oz/1/3 tasse d'abricots secs

50 g/2 oz/1/3 tasse de dattes hachées
Le zeste finement râpé d'une petite orange
50 g/2 oz/½ tasse de noix hachées
125 g/4 oz/½ tasse de beurre non salé (sucré), fondu
175 g/6 onces/¾ tasse de cassonade molle et foncée
125 g/4 oz/1 tasse de farine auto-levante (auto-levante).
3 petits œufs

Placez le xérès et le cognac dans un grand bol. Couvrir d'une assiette et cuire à feu vif pendant 3-4 minutes, jusqu'à ce que le mélange commence à bouillir. Ajoutez les épices, la vanille, 10 ml/2 cuillères à café de cassonade, les fruits secs, le mélange de zestes, les cerises, les abricots, les dattes, le zeste d'orange et les noix. Bien mélanger. Couvrir d'une assiette et réchauffer pour décongeler pendant 15 minutes, en remuant quatre fois. Laissez-le toute la nuit pour que la saveur mûrisse. Tapisser un moule à soufflé de 20 cm de diamètre de film alimentaire (film alimentaire) pour qu'il dépasse légèrement du bord. Mélangez le beurre, la cassonade, la farine et les œufs au mélange à gâteau. Verser dans le plat préparé et couvrir légèrement de papier absorbant. Cuire en décongelant pendant 30 minutes, tournant quatre fois. Laisser au micro-ondes pendant 10 minutes. Laisser refroidir jusqu'à ce que tiède, puis transférer délicatement sur une grille en tenant le film alimentaire. Retirez le film alimentaire lorsque le gâteau est froid. Pour conserver, enveloppez-le dans une double épaisseur de papier ciré (ciré), puis réemballez-le dans du papier d'aluminium. Conserver au frais pendant env. 2 semaines avant de recouvrir et de glacer.

Gâteau Simnel rapide

Donne 1 gros gâteau familial

Suivez la riche recette du gâteau de Noël et conservez-le pendant 2 semaines. La veille de servir, coupez le gâteau en deux pour qu'il devienne deux étages. Badigeonner les deux côtés coupés de confiture d'abricots fondue (conserve) et sandwicher avec 225 à 300 g de pâte d'amande (pâte d'amande) roulée en un rond épais. Décorez le dessus avec des œufs de Pâques et des poussins miniatures du commerce.

Gâteau aux grenouilles

Pour 8 personnes

Un rappel du bon vieux temps, connu au Pays de Galles sous le nom de gâteau coupé.

225 g/8 oz/2 tasses de farine auto-levante (auto-levante).
125g/4oz/½ tasse de beurre ou de margarine
175 g/6 onces/¾ tasse de cassonade légère et molle
Le zeste finement râpé d'1 citron
10 à 20 ml/2 à 4 cuillères à café de graines de cumin
10 ml/2 cuillères à café de muscade râpée
2 oeufs battus
150 ml/¼ pt/2/3 tasse de lait froid
75 ml/5 cuillères à soupe de sucre en poudre (sucre glace), tamisé
10 à 15 ml/2 à 3 cuillères à café de jus de citron

Tapissez bien le fond et les côtés d'un plat à soufflé de 20 cm de diamètre de film alimentaire (film alimentaire), en le laissant légèrement dépasser du bord. Tamisez la farine dans un bol et incorporez-y le beurre ou la margarine, ajoutez la cassonade, le zeste de citron, le cumin et la muscade et mélangez l'œuf et le lait à la fourchette jusqu'à obtenir une pâte lisse et assez molle. Transférer dans une assiette préparée et couvrir légèrement de papier absorbant. Cuire à feu vif pendant 7 à 8 minutes, en retournant le moule deux fois, jusqu'à ce que le gâteau remonte à la surface et que la surface soit parsemée de petits trous. Laisser reposer 6 minutes, puis démouler sur une grille. Quand il fait complètement froid, décollez le film alimentaire puis retournez le gâteau à l'endroit. Mélangez le sucre glace et le jus de citron jusqu'à obtenir une pâte épaisse. Répartir sur le gâteau.

Gâteau aux fruits simple

Pour 8 personnes

225 g/8 oz/2 tasses de farine auto-levante (auto-levante).
10 ml/2 cuillères à café d'épices mélangées (tarte aux pommes).
125g/4oz/½ tasse de beurre ou de margarine
125 g / 4 oz / ½ tasse de cassonade molle légère
175 g/6 oz/1 tasse de fruits secs mélangés (mélange à gâteau aux fruits)
2 oeufs
75 ml/5 cuillères à soupe de lait froid
75 ml/5 cuillères à soupe de sucre glace (pâtisserie).

Tapisser un moule à soufflé de 18 cm de diamètre de film alimentaire (film alimentaire) pour qu'il dépasse légèrement du bord. Tamisez la farine et les épices dans un bol, ajoutez le beurre ou la margarine, ajoutez le sucre et les fruits secs. Battre les œufs et le lait et verser sur les ingrédients secs en remuant avec une fourchette jusqu'à consistance lisse. Verser dans le plat préparé et couvrir légèrement de papier absorbant. Cuire à feu vif pendant 6½ à 7 minutes, jusqu'à ce que le gâteau soit bien levé et commence tout juste à se détacher des parois du moule. Sortez-le du micro-ondes et laissez-le reposer 10 minutes. Transférer sur une grille en gardant dans un film alimentaire. Lorsqu'il est complètement froid, décollez le film et saupoudrez la surface de sucre glace tamisé.

Gâteau aux dattes et aux noix

Pour 8 personnes

Préparez comme pour le simple gâteau aux fruits, mais remplacez les fruits secs par un mélange de dattes et de noix hachées.

Tarte aux carottes

Pour 8 personnes

Autrefois appelé gâteau paradisiaque, cette importation transatlantique existe depuis de nombreuses années et ne perd jamais son charme.

Pour le gâteau :

3-4 carottes coupées en morceaux

50 g/2 oz/½ tasse de morceaux de noix

50 g/2 oz/½ tasse de dattes écrasées emballées, roulées dans le sucre

175 g/6 onces/¾ tasse de cassonade légère et molle

2 gros œufs, à température ambiante

175 ml/6 fl oz/¾ tasse d'huile de tournesol

5 ml/1 cuillère à café d'essence de vanille (extrait)

30 ml/2 cuillères à soupe de lait froid

150 g/5 onces/1¼ tasse de farine tout usage

5 ml/1 cuillère à café de levure chimique
4 ml/¾ cuillère à café de bicarbonate de soude (bicarbonate de sodium)
5 ml/1 cuillère à café d'épices mélangées (tarte aux pommes).

Pour le glaçage au fromage à la crème :
175 g/6 onces/¾ tasse de fromage à la crème entier, à température de la cuisine
5 ml/1 cuillère à café d'essence de vanille (extrait)
75 g/3 onces/½ tasse de sucre cristallisé (sucre en poudre), tamisé
15 ml/1 cuillère à soupe de jus de citron fraîchement pressé

Pour réaliser le gâteau, badigeonnez d'huile un moule à gâteau micro-ondes de 20 cm de diamètre et tapissez le fond de papier sulfurisé antiadhésif. Placez les carottes et les noix dans un mélangeur ou un robot culinaire et mélangez jusqu'à ce que les deux parties soient grossièrement hachées. Transférer dans un bol et mélanger les dattes, le sucre, les œufs, l'huile, l'essence de vanille et le lait. Tamiser les ingrédients secs ensemble, puis incorporer le mélange de carottes à la fourchette. Transférer vers le formulaire préparé. Couvrir d'un film alimentaire (film alimentaire) et couper en deux pour permettre à la vapeur de s'échapper. Cuire à feu vif pendant 6 minutes en retournant trois fois. Laisser reposer 15 minutes, puis démouler sur une grille. Retirez le papier. Démoulez sur une assiette une fois complètement froid.

Pour faire un glaçage au fromage à la crème, battre le fromage jusqu'à consistance lisse. Ajouter le reste des ingrédients et battre légèrement jusqu'à consistance lisse. Étaler généreusement sur le dessus du gâteau.

Tarte aux panais

Pour 8 personnes

Préparez comme pour un carrot cake, mais remplacez 3 petits panais par des carottes.

Gateau à la citrouille

Pour 8 personnes

Préparez comme pour un gâteau aux carottes, mais remplacez la citrouille pelée par des carottes, en laissant un quartier moyen, qui devrait donner environ 175 g/6 oz de pulpe de graines. Remplacez la cassonade foncée et molle par du clair et le piment de la Jamaïque par un mélange d'épices (tarte aux pommes).

Gâteau scandinave à la cardamome

Pour 8 personnes

La cardamome est largement utilisée dans la pâtisserie scandinave et ce gâteau est un exemple typique de l'exotisme de l'hémisphère Nord. Essayez votre épicerie ethnique locale si vous avez du mal à vous procurer de la cardamome moulue.

Pour le gâteau :
175g/6oz/1½ tasse de farine auto-levante (auto-levante).
2,5 ml/½ cuillère à café de levure chimique

75 g/3 onces/2/3 tasse de beurre ou de margarine, à température de cuisson
75 g/3 oz/2/3 tasse de cassonade molle et légère
10 ml/2 cuillères à café de cardamome moulue
1 oeuf
Lait froid

Pour le remplissage:
30 ml/2 cuillères à soupe de flocons d'amandes grillées
30 ml/2 cuillères à soupe de cassonade légère et molle
5 ml/1 cuillère à café de cannelle moulue

Tapisser une assiette creuse de 16,5 cm/6½ de diamètre de film alimentaire (film alimentaire) de manière à ce qu'elle dépasse légèrement du bord. Tamisez la farine et la levure chimique dans un bol et incorporez-y finement le beurre ou la margarine. Ajoutez le sucre et la cardamome. Battez l'œuf dans un pichet doseur et remplissez jusqu'à 150 ml/¼ pt/2/3 tasse de lait. Mélangez les ingrédients secs avec une fourchette jusqu'à ce que le tout soit bien mélangé, mais évitez de fouetter. Verser dans le plat préparé. Mélangez les ingrédients de la garniture et saupoudrez sur le gâteau. Couvrir d'un film alimentaire et couper en deux pour permettre à la vapeur de s'échapper. Cuire à feu vif pendant 4 minutes en retournant deux fois. Laisser reposer 10 minutes, puis transférer délicatement sur une grille en gardant le film alimentaire.

Pain au thé aux fruits

Donne 8 tranches

225 g/8 oz/1 1/3 tasses de fruits secs mélangés (mélange à gâteau aux fruits)
100 g/3½ oz/½ tasse de cassonade molle et foncée
30 ml/2 cuillères à soupe de thé noir fort et froid
100 g/4 oz/1 tasse de farine complète auto-levante (auto-levante).

5 ml/1 cuillère à café moulu tout usage
1 œuf, à température de cuisine, battu
8 amandes entières blanchies
30 ml/2 cuillères à soupe de sirop doré (maïs léger).
Beurre, à tartiner

Tapissez bien le fond et les côtés d'un plat à soufflé de 15 cm de diamètre de film alimentaire (film alimentaire), en le laissant légèrement pendre sur le côté. Mettez les fruits, le sucre et le thé dans un bol, couvrez d'une assiette et faites bouillir à feu vif pendant 5 minutes. Mélangez la farine, le piment de la Jamaïque et l'œuf avec une fourchette, puis transférez dans le plat préparé. Disposez les amandes dessus. Couvrir légèrement de papier absorbant et cuire au four, en décongelant, pendant 8 à 9 minutes, jusqu'à ce que le gâteau soit bien levé et commence à se retirer du côté de l'assiette. Laisser reposer 10 minutes, puis transférer sur une grille en gardant le film alimentaire. Faites chauffer le sirop dans une tasse en décongelant pendant 1 minute et demie. Retirez le papier d'aluminium du gâteau et badigeonnez la surface avec le sirop chauffé.

Gâteau-sandwich Victoria

Pour 8 personnes

175g/6oz/1½ tasse de farine auto-levante (auto-levante).
175 g/6 onces/¾ tasse de beurre ou de margarine, à température ambiante
175 g/6 onces/¾ tasse de sucre cristallisé (superfin).

3 œufs, à température ambiante
45 ml/3 cuillères à soupe de lait froid
45 ml/3 cuillères à soupe de confiture (réserver)
120 ml/4 fl oz/½ tasse de crème double (épaisse) ou à fouetter, fouettée
Flormélis (confiseur), tamisé, à frotter

Tapisser le fond et les côtés de deux assiettes peu profondes de 20 cm de diamètre de film alimentaire (film alimentaire), en les laissant légèrement pendre sur le bord. Tamisez la farine dans une assiette. Mélanger le beurre ou la margarine et le sucre jusqu'à obtenir une consistance légère et mousseuse et une consistance de crème fouettée. Battez les œufs un à un et ajoutez 15 ml/1 cuillère à soupe de farine à chacun. Mélangez le reste de la farine en alternance avec le lait avec une grande cuillère en métal. Répartir uniformément dans les plats préparés. Couvrir légèrement de papier absorbant. Cuire un à la fois pendant 4 minutes. Laisser refroidir jusqu'à ce qu'il soit tiède, puis démouler sur une grille. Retirez le film alimentaire et laissez refroidir complètement.

Tarte aux noix

Pour 8 personnes

175g/6oz/1½ tasse de farine auto-levante (auto-levante).
175 g/6 onces/¾ tasse de beurre ou de margarine, à température ambiante
5 ml/1 cuillère à café d'essence de vanille (extrait)
175 g/6 onces/¾ tasse de sucre cristallisé (superfin).

3 œufs, à température ambiante
50 g/2 oz/½ tasse de noix, finement hachées
45 ml/3 cuillères à soupe de lait froid
2 lots de glaçage à la crème au beurre
16 moitiés de noix, pour la décoration

Tapisser le fond et les côtés de deux assiettes peu profondes de 20 cm de diamètre de film alimentaire (film alimentaire), en les laissant légèrement pendre sur le bord. Tamisez la farine dans une assiette. Crémer le beurre ou la margarine, l'essence de vanille et le sucre jusqu'à obtenir une consistance légère et mousseuse et une consistance de crème fouettée. Battez les œufs un à un et ajoutez 15 ml/1 cuillère à soupe de farine à chacun. À l'aide d'une grande cuillère en métal, mélanger les noix avec le reste de farine en alternant avec le lait. Répartir uniformément dans les plats préparés. Couvrir légèrement de papier absorbant. Cuire un à un à feu vif pendant 4 minutes et demie. Laisser refroidir jusqu'à ce qu'il soit tiède, puis démouler sur une grille. Retirez le film alimentaire et laissez refroidir complètement.

Gâteau aux caroubes

Pour 8 personnes

Préparez comme pour le Victoria Sandwich Cake, mais remplacez 25 g de maïzena (amidon de maïs) et 25 g de poudre de caroube par 50 g de farine. Sandwich à la crème et/ou aux fruits au sirop ou frais. Ajoutez 5 ml/1 cuillère à café d'essence de vanille (extrait) aux ingrédients crémeux, si vous le souhaitez.

Gâteau au chocolat facile

Pour 8 personnes

Préparez comme pour le Victoria Sandwich Cake, mais remplacez 25 g de maïzena (amidon de maïs) et 25 g de cacao (chocolat non sucré) en poudre par 50 g de farine. Sandwich accompagné de crème à tartiner et/ou de chocolat.

Gateau au amandes

Pour 8 personnes

Préparez comme pour le Victoria Sandwich Cake, mais remplacez 40 g d'amandes concassées par la même quantité de farine. Assaisonnez les ingrédients crémeux avec 2,5-5 ml/½-1 cuillère à café d'essence d'amande (extrait). Sandwich accompagné de confiture d'abricots onctueuse (conserves) et d'une fine couche de pâte d'amande (pâte d'amande).

Gâteau-sandwich Victoria

Pour 8 personnes

Préparez comme pour le Victoria Sandwich Cake ou l'une des variantes. Sandwich accompagné d'un glaçage à la crème ou de crème au beurre (glaçage) et/ou de confiture (conserves), de pâte à tartiner au chocolat, de beurre de cacahuète, de crème d'orange ou de citron, de marmelade d'orange, de garniture de fruits en conserve, de miel ou de pâte d'amande (pâte d'amande). Couvrir le dessus et les côtés de crème au beurre ou de glaçage. Garnir de fruits frais ou confits, de noix ou de pépites. Pour un gâteau encore plus riche, coupez chaque couche cuite en deux pour obtenir quatre couches avant de la remplir.

Gâteau éponge au thé de la maternelle

Donne 6 tranches

75 g/3 onces/2/3 tasses de sucre cristallisé (superfin).
3 œufs, à température ambiante
75 g / 3 oz / ¾ tasse de farine tout usage
90 ml/6 cuillères à soupe de crème double (épaisse) ou fouettée, fouettée
45 ml/3 cuillères à soupe de confiture (réserver)

Sucre glace (très fin) pour saupoudrer

Tapisser le fond et les côtés d'un plat à soufflé de 18 cm de diamètre de film alimentaire (film alimentaire), en le laissant légèrement dépasser du bord. Mettez le sucre dans un bol et faites chauffer, à découvert, en décongelant pendant 30 secondes. Ajouter les œufs et battre jusqu'à ce que le mélange devienne mousseux et épaississe jusqu'à la consistance d'une crème fouettée. Coupez soigneusement et légèrement et incorporez la farine avec une cuillère en métal. Ne pas battre ni mélanger. Lorsque les ingrédients sont bien mélangés, transférez dans le plat préparé. Couvrir légèrement de papier absorbant et cuire à feu vif pendant 4 minutes. Laisser reposer 10 minutes, puis transférer sur une grille en gardant le film alimentaire. Retirez le papier d'aluminium une fois refroidi. Divisez-le en deux et tartinez-le de crème et de confiture.

Génoise au citron

Donne 6 tranches

Préparez comme pour la génoise Nursery Tea, mais ajoutez 10 ml/2 cuillères à café de zeste de citron finement râpé au mélange œufs et sucre juste avant d'ajouter la farine. Sandwich avec de la crème au citron et de la crème épaisse.

Gâteau éponge à l'orange

Donne 6 tranches

Préparez comme pour la génoise Nursery Tea, mais ajoutez 10 ml/2 cuillères à café de zeste d'orange râpé au mélange œufs et sucre juste avant d'ajouter la farine. Sandwich accompagné d'une garniture au chocolat et d'une crème épaisse.

Gâteau au café expresso

Pour 8 personnes

250g/8oz/2 tasses de farine auto-levante (auto-levante).
15 ml/1 cuillère à soupe/2 sachets de poudre d'espresso instantané
125g/4oz/½ tasse de beurre ou de margarine
125 g / 4 oz / ½ tasse de cassonade foncée et molle
2 œufs, à température ambiante

75 ml/5 cuillères à soupe de lait froid

Tapisser le fond et les côtés d'un plat à soufflé de 18 cm de diamètre de film alimentaire (film alimentaire), en le laissant légèrement dépasser du bord. Tamisez la farine et le café en poudre dans un bol et incorporez le beurre ou la margarine, puis ajoutez le sucre. Battez bien les œufs et le lait, puis mélangez uniformément aux ingrédients secs à la fourchette. Verser dans le plat préparé et couvrir légèrement de papier absorbant. Cuire à feu vif pendant 6½ à 7 minutes, jusqu'à ce que le gâteau soit bien levé et commence tout juste à se détacher des parois du moule. Laisser agir 10 minutes. Transférer sur une grille en gardant dans un film alimentaire. Une fois complètement refroidi, retirez le film alimentaire et conservez le gâteau dans une boîte hermétique.

Gâteau au café expresso avec glaçage à l'orange

Pour 8 personnes

Préparez un gâteau expresso. Environ 2 heures avant de servir, préparez un glaçage épais (glaçage) en mélangeant 175 g/6 oz/1 tasse de sucre glace avec suffisamment de jus d'orange pour former un glaçage pâteux. Répartir sur le dessus du gâteau, puis garnir de chocolat râpé, de noix hachées, par centaines et par milliers, etc.

Gâteau à la crème au café expresso

Pour 8 personnes

Préparez un gâteau expresso et coupez-le en deux couches. Battre 300 ml/½ pt/1¼ tasse de crème épaisse (épaisse) avec 60 ml/4 cuillères à soupe de lait froid jusqu'à épaississement. Doux avec 45 ml/3 cuillères à soupe. sucre (superfin) et aromatiser avec de la poudre d'espresso. Utilisez-en un peu pour empiler les couches, puis étalez le reste en couche épaisse sur le dessus et les côtés du gâteau. Remplissez le dessus de noisettes.

Tartes aux raisins

Faites-en 12

125 g/4 oz/1 tasse de farine auto-levante (auto-levante).
50g/2oz/¼ tasse de beurre ou de margarine
50 g/2 oz/¼ tasse de sucre cristallisé (superfin).
30 ml/2 cuillères à soupe de raisins secs
1 oeuf

30 ml/2 cuillères à soupe de lait froid
2,5 ml/½ cuillère à café d'essence de vanille (extrait)
Flormélis (pâtissier) à sécher

Tamisez la farine dans le bol et incorporez-y finement le beurre ou la margarine. Ajoutez le sucre et les raisins secs. Battez l'œuf avec le lait et l'essence de vanille et incorporez-le aux ingrédients secs à la fourchette, pétrissez jusqu'à obtenir une pâte molle sans battre. Répartissez dans 12 caissettes en papier (emballages de cupcakes) et placez-en six à la fois sur l'assiette du micro-ondes. Couvrir légèrement de papier absorbant. Faire bouillir complètement pendant 2 minutes. Transférer sur une grille pour refroidir. Une fois froid, saupoudrez de sucre glace tamisé. conserver dans une caisse hermétiquement fermée.

Cupcakes à la noix de coco

Faites-en 12

Préparez comme pour les cupcakes aux raisins, mais remplacez les raisins secs par 25 ml/1½ cuillère à soupe de noix de coco desséchée (râpée) et augmentez le lait à 25 ml/1½ cuillère à soupe.

Biscuits aux pépites de chocolat

Faites-en 12

Préparez comme pour les cupcakes aux raisins, mais remplacez 30 ml/2 cuillères à soupe de pépites de chocolat par des raisins secs.

Gâteau aux bananes épicé

Pour 8 personnes

3 grosses bananes mûres
175 g/6 oz/¾ tasse de mélange de margarine et de shortening blanc, à température ambiante
175 g/6 onces/¾ tasse de cassonade molle et foncée

10 ml/2 cuillères à café de levure chimique

5 ml/1 cuillère à café moulu tout usage

225 g/8 oz/2 tasses de farine brune maltée, comme de la farine de grange

1 gros oeuf, battu

15 ml/1 cuillère à soupe de pacanes hachées

100 g de dattes hachées

Tapisser hermétiquement le fond et les côtés d'un plat à soufflé de 20 cm de diamètre de film alimentaire (film alimentaire), en le laissant légèrement dépasser du bord. Pelez les bananes et écrasez-les bien dans un bol. Incorporer les deux graisses, incorporer le sucre, incorporer la levure et incorporer la farine. Mélangez le mélange de bananes avec les œufs, les noix et les dattes à la fourchette. Répartir uniformément dans le plat préparé. Couvrir légèrement de papier absorbant et cuire à feu vif pendant 11 minutes en retournant le plat trois fois. Laisser agir 10 minutes. Transférer sur une grille en gardant dans un film alimentaire. Laisser refroidir complètement, puis retirer le film alimentaire et conserver le gâteau dans un récipient hermétique.

Gâteau aux bananes épicé avec glaçage à l'ananas

Pour 8 personnes

Préparez un gâteau aux épices et à la banane. Environ 2 heures avant de servir, recouvrez le gâteau d'un glaçage épais (glaçage) obtenu en tamisant 175 g de sucre glace (confiseur) dans un bol et en mélangeant jusqu'à obtenir un glaçage pâteux avec quelques gouttes de jus d'ananas. Une fois pris, garnir de chips de banane séchées.

Glaçage à la crème au beurre

Donne 225 g/8 oz/1 tasse

75 g/3 onces/1/3 tasse de beurre, à température de la cuisine
175 g/6 oz/1 tasse de sucre cristallisé, tamisé
10 ml/2 cuillères à café de lait froid
5 ml/1 cuillère à café d'essence de vanille (extrait)
Glaçage (pâtisserie) pour le séchage (facultatif)

Battre le beurre jusqu'à ce qu'il soit léger, puis incorporer progressivement le sucre jusqu'à ce qu'il soit léger, mousseux et double de volume. Mélangez le lait et l'essence de vanille et fouettez le glaçage (glaçage) jusqu'à obtenir une consistance lisse et épaisse.

Glaçage au chocolat noir

Donne 350 g/12 oz/1½ tasse

Un glaçage à l'américaine utile pour garnir n'importe quel gâteau simple.

30 ml/2 cuillères à soupe de beurre ou de margarine

60 ml/4 cuillères à soupe de lait
30 ml/2 cuillères à soupe de poudre de cacao (chocolat non sucré)
5 ml/1 cuillère à café d'essence de vanille (extrait)
300 g/10 oz/12/3 tasses de sucre cristallisé, tamisé

Mettez le beurre ou la margarine, le lait, le cacao et l'essence de vanille dans un bol. Cuire à découvert tout en décongelant pendant 4 minutes, jusqu'à ce que le chaud et le gras soient fondus. Incorporer le sucre glace tamisé jusqu'à ce que le glaçage soit lisse et assez épais. Utiliser immédiatement.

Tranches fruitées de santé

Faites 8

100 g de rondelles de pommes séchées
75 g/3 oz/¾ tasse de farine complète auto-levante (auto-levante).
75 g/3 onces/¾ tasse de flocons d'avoine
75 g/3 onces/2/3 tasse de margarine

75 g/3 oz/2/3 tasse de cassonade foncée molle
6 prunes de Californie, hachées

Faire tremper les rondelles de pomme dans l'eau toute la nuit. Tapisser hermétiquement le fond et les côtés d'un moule à pâtisserie peu profond de 18 cm/7 cm de diamètre avec un film alimentaire (film alimentaire), en le laissant légèrement pendre sur le bord. Mettez la farine et les flocons d'avoine dans un bol, ajoutez la margarine et frottez bien du bout des doigts. Mélangez le sucre jusqu'à obtenir un mélange friable. Étalez la moitié au fond du plat préparé. Égoutter et hacher les rondelles de pommes. Pressez doucement les prunes dans le mélange de flocons d'avoine. Saupoudrer uniformément le reste du mélange de flocons d'avoine sur le dessus. Cuire à découvert pendant 5½ à 6 minutes. Laissez-le refroidir complètement dans la poêle. Soulevez tout en tenant le film alimentaire, puis décollez le film alimentaire et coupez-le en cubes.

Tranches santé fruitées aux abricots

Faites 8

Préparés sous forme de quartiers fruités et sains, mais

Remplacez les prunes par 6 abricots secs bien lavés.

Biscuit au beurre écossais

Donne 12 quartiers

225g/8oz/1 tasse de beurre non salé (doux), à température ambiante
125 g/4 oz/½ tasse de sucre cristallisé (super fin) plus un peu pour saupoudrer
350 g/12 oz/3 tasses de farine tout usage

Beurrer et tapisser une plaque à pâtisserie profonde de 20 cm de diamètre. Battre ensemble le beurre et le sucre jusqu'à consistance légère et mousseuse, puis incorporer la farine jusqu'à consistance lisse. Répartir uniformément dans le moule préparé et piquer le tout avec une fourchette. Cuire à découvert tout en décongelant pendant 20 minutes. Retirer du micro-ondes et saupoudrer de 15 ml/1 cuillère à soupe de sucre glace. Couper en 12 tranches encore légèrement tièdes. Transférer délicatement sur une grille et laisser refroidir complètement. conserver dans une caisse hermétiquement fermée.

Biscuits extra croquants

Donne 12 quartiers

Préparez comme pour une pâte brisée, mais remplacez 25 g de semoule (crème de blé) par 25 g de farine.

Pâte extra onctueuse

Donne 12 quartiers

Préparez comme pour une pâte brisée, mais remplacez 25 g/1 oz/¼ tasse de semoule de maïs (amidon de maïs) par 25 g/1 oz/¼ tasse de farine.

Biscuits épicés

Donne 12 quartiers

Préparez comme pour une pâte brisée, mais tamisez 10 ml/2 cuillères à café de mélange d'épices (tarte aux pommes) dans la farine.

Pâte brisée à la hollandaise

Donne 12 quartiers

Préparez comme pour une pâte brisée, mais remplacez la farine autolevante (autolevante) par de la farine 00 et tamisez 10 ml/2 cuillères à café de cannelle moulue dans la farine. Avant la cuisson, badigeonnez le dessus avec 15-30 ml/1-2 cuillères à soupe de crème et pressez délicatement les flocons d'amandes légèrement grillés dessus.

Boules de cannelle

Faites-en 20

Une spécialité des fêtes de Pâques, un croisement entre un biscuit (cookie) et un gâteau, qui semble mieux fonctionner au micro-ondes que lorsqu'il est cuit de manière conventionnelle.

2 gros blancs d'œufs
125g/4oz/½ tasse de sucre cristallisé (super fin).
30 ml/2 cuillères à soupe de cannelle moulue
225 g/8 oz/2 tasses d'amandes hachées
Sucre glace tamisé (des confiseurs).

Battez les blancs d'œufs jusqu'à ce qu'ils commencent à mousser, puis incorporez le sucre, la cannelle et les amandes et, avec les mains mouillées, formez 20 boules. Disposer en deux anneaux, l'un juste à l'intérieur de l'autre, sur le pourtour d'une grande assiette. Cuire à découvert pendant 8 minutes en retournant la plaque quatre fois. Laisser refroidir jusqu'à ce qu'il soit juste chaud, puis rouler dans le sucre glace jusqu'à ce que chacun soit bien enrobé. Laisser refroidir complètement et conserver dans un récipient hermétique.

Schnaps au brandy doré

Faites-en 14

Assez difficiles à réaliser de manière conventionnelle, ils fonctionnent à merveille au micro-ondes.

50g/2oz/¼ tasse de beurre
50 g/2 oz/1/6 tasse de sirop doré (maïs léger).
40 g/1½ oz/3 cuillères à soupe de sucre en poudre doré
40 g/1½oz/1½cuillère à soupe de farine complète maltée, comme la farine de basse-cour
2,5 ml/½ cuillère à café de gingembre moulu
150 ml/¼ pt/2/3 tasse de crème double (épaisse) ou à fouetter, fouettée

Placer le beurre sur une assiette et faire fondre à découvert pendant qu'il décongèle pendant 2 à 2 1/2 minutes. Ajoutez le sirop et le sucre et mélangez bien. Cuire à découvert pendant 1 minute. Incorporez la farine et le gingembre. Placez quatre grandes cuillerées à café de 5 ml/1 cuillère à café du mélange, bien espacées, directement sur le plateau tournant en verre ou en plastique allant au micro-ondes. Cuire à feu vif pendant 1½ à 1¾ minutes jusqu'à ce que les boutons de cognac commencent à dorer et paraissent blonds sur le dessus. Soulevez délicatement le plateau tournant du micro-ondes et laissez les biscuits (biscuits) pendant 5 minutes. Soulevez chacun tour à tour à l'aide d'une spatule. Roulez autour du manche d'une grande cuillère en bois. Appuyez sur les joints du bout des doigts et faites-les glisser jusqu'à l'extrémité du bol de la cuillère. Répétez avec les trois cookies restants. Une fois pris, ils sont retirés de la poignée et transférés sur une grille. Répétez jusqu'à épuisement du mélange restant. conserver dans une caisse hermétiquement fermée.

Sucettes au chocolat et au brandy

Faites-en 14

Préparez-vous comme pour les Golden Brandy Snaps. Avant de remplir de crème, déposer sur une plaque à pâtisserie et badigeonner la surface supérieure de chocolat noir ou blanc fondu. Laisser solidifier, puis ajouter la crème.

Scones-sandwichs

Il est environ 8 heures

A mi-chemin entre le sandwich et le scone, ils sont exceptionnellement légers et constituent un délicieux délice à déguster encore chauds, tartinés de beurre et d'un choix de confiture (conserve) ou de miel de bruyère.

225g/8oz/2 tasses de farine complète
5 ml/1 cuillère à café de crème de tartre
5 ml/1 cuillère à café de bicarbonate de soude (levure chimique)
1,5 ml/¼ cuillère à café de sel
20 ml/4 cuillères à café de sucre en poudre (super fin).
25 g/1 oz/2 cuillères à soupe de beurre ou de margarine
150 ml/¼ pt/2/3 tasse de babeurre, ou remplacez-le par un mélange moitié yaourt nature et moitié lait écrémé si indisponible
Oeuf battu, pour badigeonner
5 ml supplémentaires/1 cuillère à café de sucre mélangés à 2,5 ml/½ cuillère à café de cannelle moulue, pour saupoudrer

Tamisez la farine, la crème de tartre, le bicarbonate de soude et le sel dans un bol. Versez le sucre et incorporez finement le beurre ou la margarine. Ajoutez le babeurre (ou son substitut) et mélangez à la fourchette jusqu'à obtenir une pâte assez molle. Démouler sur une surface farinée et pétrir rapidement et légèrement jusqu'à consistance lisse. Abaisser uniformément jusqu'à 1 cm/½ pouce d'épaisseur, puis couper en morceaux ronds avec un emporte-pièce à biscuit (gâteau) de 5 cm/2 pouces. Roulez à nouveau la doublure et continuez à couper en rondelles. Placer sur le pourtour d'une assiette graissée de 25 cm/10 cm. Badigeonner d'œuf et saupoudrer du mélange sucre-cannelle.

Cuire à découvert à feu vif pendant 4 minutes en retournant la plaque quatre fois. Laisser reposer 4 minutes, puis transférer sur une grille.

Scones aux raisins

Il est environ 8 heures

Préparez comme pour les Bolle Scones, mais ajoutez 15 ml/1 cuillère à soupe de raisins secs avec le sucre.

Pain

Tout liquide utilisé dans les pains à la levure doit être tiède, ni chaud ni froid. La meilleure façon d'obtenir la bonne température est de mélanger la moitié du liquide bouillant avec la moitié du liquide froid. Si vous avez encore chaud lorsque vous plongez la deuxième articulation de votre petit doigt, laissez-la refroidir un peu avant de l'utiliser. Un liquide surchauffé est plus problématique qu'un liquide trop froid, car il peut tuer la levure et empêcher le pain de lever.

Pâte de base pour pain blanc

Donne 1 miche de pain

Une pâte rapide pour ceux qui aiment cuisiner mais qui n'ont pas le temps.

450 g/1 lb/4 tasses de farine épaisse (pour le pain).
5 ml/1 cuillère à café de sel
1 sachet de levure sèche légèrement mélangée
30 ml/2 cuillères à soupe de beurre, de margarine, de shortening blanc (shortening) ou de saindoux
300 ml/½ pt/1¼ tasse d'eau tiède

Tamisez la farine et le sel dans un bol. Réchauffer à découvert tout en décongelant pendant 1 minute. Ajouter la levure et masser la graisse. Pétrir jusqu'à obtenir une pâte avec l'eau. Pétrir sur une planche à pâtisserie farinée jusqu'à ce que la pâte soit lisse, élastique et non collante. Remettez dans le bol propre et séché mais maintenant légèrement graissé. Couvrir le bol lui-même, et non la pâte, d'un film alimentaire (film alimentaire) et couper en deux pour laisser s'échapper la vapeur. Réchauffer en décongelant pendant 1 minute. Reposez au micro-ondes pendant 5 minutes. Répétez trois ou quatre fois jusqu'à ce que la pâte ait doublé de volume. Pétrissez à nouveau rapidement, puis utilisez comme dans les recettes classiques ou les recettes au micro-ondes ci-dessous.

Pâte à pain noir de base

Donne 1 miche de pain

Suivez la recette de la pâte à pain blanche de base, mais au lieu de la farine à pain forte (ordinaire), utilisez l'un des produits suivants :

- moitié farine blanche et moitié farine complète
- toute la farine complète
- moitié blé entier malté et moitié farine blanche
-

Pâte de base pour pain au lait

Donne 1 miche de pain

Suivez la recette de la pâte à pain blanc de base, mais à la place de l'eau, utilisez l'un des produits suivants :

- tout le lait écrémé
- moitié lait entier et moitié eau

Pain Bap

Donne 1 miche de pain

Une croûte moelleuse et un pain pâle, plus consommé dans le nord de la Grande-Bretagne que dans le sud.

Préparez de la pâte à pain blanc de base, de la pâte à pain brun de base ou de la pâte à pain au lait de base. Pétrir rapidement et facilement après la première levée, puis former un cercle d'env. 5 cm/2 cm d'épaisseur. Disposer sur une assiette plate ronde beurrée et farinée. Couvrir de papier absorbant et chauffer sur Dégel pendant 1 minute. Laisser reposer 4 minutes. Répétez trois ou quatre fois jusqu'à ce que la pâte ait doublé de volume. Saupoudrer de farine blanche ou brune. Cuire à découvert pendant 4 minutes. Laisser refroidir sur une grille.

Rouleaux de bap

Faites-en 16

Préparez de la pâte à pain blanc de base, de la pâte à pain brun de base ou de la pâte à pain au lait de base. Pétrir rapidement et facilement après la première levée, puis diviser également en 16 morceaux. Façonner en rondelles plates. Disposez huit boules sur le pourtour de chacune des deux assiettes graissées et farinées. Couvrir d'essuie-tout et cuire, un plat à la fois, sur Décongeler pendant 1 minute, puis laisser reposer 4 minutes et répéter trois ou quatre fois jusqu'à ce que les rouleaux aient doublé de volume. Saupoudrer de farine blanche ou brune. Cuire à découvert pendant 4 minutes. Laisser refroidir sur une grille.

Pain à hamburger

Faites-en 12

Préparez comme pour les Bap Rolls, mais divisez la pâte en 12 morceaux au lieu de 16. Placez six rouleaux sur le pourtour de chacune des deux assiettes et faites cuire comme indiqué.

Rouleaux Sweet Bap aux fruits

Faites-en 16

Préparez comme pour les Bap Rolls, mais ajoutez 60 ml/4 cuillères à soupe de raisins secs et 30 ml/2 cuillères à soupe de sucre en poudre (superfin) aux ingrédients secs avant d'incorporer le liquide.

Rifts de Cornouailles

Faites-en 16

Préparez comme pour les Bap Rolls, mais ne saupoudrez pas le dessus de farine avant la cuisson. Une fois refroidi, coupez-le en deux et remplissez-le de crème ou de crème caillée et de confiture de fraises ou de framboises (conserve). Saupoudrez abondamment le dessus de sucre granulé (confiseur) tamisé. Mangez le même jour.

Rouleaux fantaisie

Faites-en 16

Préparez de la pâte à pain blanc de base, de la pâte à pain brun de base ou de la pâte à pain au lait de base. Pétrir rapidement et facilement après la première levée, puis diviser également en 16 morceaux. Formez quatre morceaux en rouleaux ronds et coupez une fente au sommet de chacun. Roulez quatre morceaux en corde, chacun mesurant 20 cm de long, et faites un nœud. Formez quatre morceaux de pâte pour bébé et faites trois fentes diagonales sur chacun. Divisez chacun des quatre morceaux restants en trois, roulez-les en cordes tendues et tressez-les. Disposez tous les petits pains sur une plaque à pâtisserie beurrée et farinée et laissez-les lever jusqu'à ce qu'ils doublent de volume. Badigeonner le dessus d'œuf et cuire conventionnellement à 230 °C/450 °F/thermostat 8 pendant 15 à 20 minutes. Retirez-les du four et transférez-les sur une grille.

Petits pains avec garnitures

Faites-en 16

Préparez-vous comme pour des petits pains raffinés. Après avoir badigeonné le dessus des petits pains avec l'œuf, saupoudrer de l'un des ingrédients suivants : graines de pavot, graines de sésame grillées, graines de fenouil, flocons d'avoine, blé râpé, fromage à pâte dure râpé, gros sel de mer, sel d'assaisonnement au goût.

Pain aux graines de cumin

Donne 1 miche de pain

Préparez la pâte à pain de base en ajoutant 10-15 ml/2-3 cuillères à café de graines de cumin aux ingrédients secs avant d'incorporer le liquide. Pétrissez légèrement après la première levée, puis façonnez une boule. Placer dans un bol rond graissé de 450 ml/¾ pt/2 tasse à côtés droits. Couvrir de papier absorbant et chauffer sur Dégel pendant 1 minute. Laisser reposer 4 minutes. Répétez trois ou quatre fois jusqu'à ce que la pâte ait doublé de volume. Badigeonner d'œuf battu et saupoudrer de gros sel et/ou de graines de carvi supplémentaires. Couvrir de papier absorbant et cuire à feu vif pendant 5 minutes en retournant une fois. Cuire complètement pendant encore 2 minutes. Laisser reposer 15 minutes, puis retourner délicatement sur une grille.

pain de seigle

Donne 1 miche de pain

Préparez la pâte à pain complète de base en utilisant moitié farine complète et moitié farine de seigle. Cuire comme pour le pain Bap.

Pain à l'huile

Donne 1 miche de pain

Préparez la pâte de base à pain blanc ou la pâte de base à pain brun, mais remplacez l'huile d'olive, les noix ou les noisettes par les autres matières grasses. Si la pâte reste collante, ajoutez un peu plus de farine. Cuire comme pour le pain Bap.

Pain Italien

Donne 1 miche de pain

Préparez la pâte à pain blanc de base, mais remplacez l'huile d'olive par les autres matières grasses et ajoutez 15 ml/1 cuillère à soupe de pesto rouge et 10 ml/2 cuillères à café de purée de tomates séchées (pâtes) aux ingrédients secs avant d'ajouter le liquide. Pain, donne encore 30 secondes.

Pain espagnol

Donne 1 miche de pain

Assemblez la pâte à pain blanc de base, mais remplacez l'huile d'olive par les autres matières grasses et ajoutez aux ingrédients secs 30 ml/2 cuillères à soupe d'oignons séchés (à l'état sec) et 12 olives farcies hachées avant d'incorporer le liquide. Cuire comme pour le Bap Loaf, attendez encore 30 secondes.

Pain Tikka Masala

Donne 1 miche de pain

Préparez la pâte à pain blanc de base, mais remplacez les autres graisses par du ghee fondu ou de l'huile de maïs et ajoutez 15 ml/1 cuillère à soupe de mélange d'épices tikka et les graines de 5 gousses de cardamome verte aux ingrédients secs avant d'incorporer le liquide. , laissez encore 30 secondes.

Pain aux fruits maltés

Donne 2 pains

450 g/1 lb/4 tasses de farine épaisse (pour le pain).
10 ml/2 cuillères à café de sel
1 sachet de levure sèche légèrement mélangée
60 ml/4 cuillères à soupe de mélange de groseilles et de raisins secs
60 ml/4 cuillères à soupe d'extrait de malt
15 ml/1 cuillère à soupe de sirop noir (mélasse)
25 g/1 oz/2 cuillères à soupe de beurre ou de margarine
45 ml/3 cuillères à soupe de lait écrémé tiède
150 ml/¼ pt/2/3 tasse d'eau tiède
Beurre, à tartiner

Tamisez la farine et le sel dans un bol. Ajouter la levure et les fruits secs, l'extrait de malt, le sirop et le beurre ou la margarine dans un petit bol. Faire fondre à découvert, décongeler 3 minutes. Ajoutez la farine avec le lait et suffisamment d'eau pour obtenir une pâte molle mais non collante. Pétrir sur une planche à pâtisserie farinée jusqu'à ce que la pâte soit lisse, élastique et non collante. Divisez en deux morceaux égaux. Façonnez-les pour qu'ils s'adaptent à un plat rond ou rectangulaire graissé de 900 ml/1½ pt/3¾ tasse. Couvrir les plats, et non la pâte, d'un film alimentaire (film alimentaire) et couper en deux pour laisser s'échapper la vapeur. Réchauffer ensemble en décongelant pendant 1 minute. Laisser agir 5 minutes. Répétez trois ou quatre fois jusqu'à ce que la pâte ait doublé de volume. Retirez le film alimentaire. Placez les assiettes côte à côte au micro-ondes et faites cuire à découvert à pleine puissance pendant 2 minutes. Retourner les assiettes et cuire encore 2 minutes. Répétez encore une fois. Laisser agir 10 minutes. Retourner sur une grille. Conserver dans un contenant hermétique lorsqu'il est complètement froid. Laisser reposer 1 journée avant de trancher et de tartiner de beurre.

Pain soda irlandais

Donne 4 petits pains

200 ml/7 fl oz/petit 1 tasse de babeurre ou 60 ml/4 cuillères à soupe chacun de lait écrémé et de yogourt nature

75 ml/5 cuillères à soupe de lait entier

350 g/12 oz/3 tasses de farine complète

125 g/4 onces/1 tasse de farine tout usage

10 ml/2 cuillères à café de bicarbonate de soude (levure chimique)

5 ml/1 cuillère à café de crème de tartre

5 ml/1 cuillère à café de sel

50 g/2 onces/¼ tasse de beurre, de margarine ou de shortening blanc (shortening)

Beurrez bien une assiette plate de 25 cm/10 cm. Mélangez le babeurre ou son substitut et le lait. Mettez la farine complète dans un bol et tamisez la farine, le soda, la crème et le sel, puis ajoutez finement la graisse. Ajoutez le liquide d'un seul coup et mélangez à la fourchette jusqu'à obtenir une pâte molle. Pétrir rapidement avec les mains farinées jusqu'à consistance lisse. Façonner un rond de 18 cm/7 cm. Transférer au centre de l'assiette. Coupez une croix profonde sur le dessus avec le dos d'un couteau, puis saupoudrez légèrement de farine. Couvrir légèrement de papier absorbant et cuire à feu vif pendant 7 minutes. Le pain lève et s'étale. Laisser agir 10 minutes. Soulevez le plat à l'aide d'un coupe-poisson et placez-le sur une grille. Diviser en quatre portions une fois refroidi.

Pain soda au son

Donne 4 petits pains

Préparez comme pour l'Irish Soda Bread, mais ajoutez 60 ml/4 cuillères à soupe de son grossier avant d'incorporer le liquide.

Pain rassis rafraîchissant

Placez le pain ou les petits pains dans un sac en papier brun ou placez-les entre les plis sur un torchon propre (torchon) ou une serviette. Réchauffer en décongelant jusqu'à ce que le pain soit légèrement chaud en surface. Mangez immédiatement et ne répétez pas avec les restes du même pain.

Pittas grecques

Donne 4 pains

Préparez la pâte à pain blanc de base. Divisez-le en quatre morceaux égaux et pétrissez légèrement chacun en boule. Rouler en ovales de 30 cm de long chacun/12 au centre. Saupoudrer légèrement de farine. Humidifiez les bords avec de l'eau. Pliez chacun en deux, en ramenant le bord supérieur sur le bas. Presser les bords ensemble pour sceller. Disposer sur une plaque à pâtisserie beurrée et farinée. Cuire immédiatement dans un four conventionnel à 230 °C/450 °F/thermostat 8 pendant 20-25 minutes jusqu'à ce que les pains soient bien levés et dorés. Laisser refroidir sur une grille. Laisser refroidir, puis diviser et manger avec des trempettes à la grecque et d'autres aliments.

Gelée de porto et cerises

Pour 6 personnes

Boîte de 750 g de griottes dénoyautées (dénoyautées) au sirop léger, égouttées et en conserve
15 ml/1 cuillère à soupe de gélatine en poudre
45 ml/3 cuillères à soupe de sucre glace (superfin)
2,5 ml/½ cuillère à café de cannelle moulue
Porto marron
Double crème (épaisse), fouettée et assaisonnement mélangé (tarte aux pommes), pour la décoration

Versez 30 ml/2 cuillères à soupe de sirop dans un grand verre doseur. Incorporer la gélatine et laisser tremper 2 minutes. Couvrir d'une soucoupe et faire fondre au Dégel pendant 2 minutes. Remuer pour vous assurer que la gélatine est dissoute. Incorporer le reste du sirop de cerise, le sucre et la cannelle et remplir jusqu'à 450 ml/¾ pt/2 tasses de porto. Couvrir comme avant et chauffer à puissance maximale pendant 2 minutes, en remuant trois fois, jusqu'à ce que le liquide soit chaud et que le sucre soit dissous. Transférer dans un bol de 1,25 litre/2¼ pt/5½ tasse et laisser refroidir. Couvrir et réfrigérer jusqu'à ce que le mélange de gélatine commence à épaissir et pique légèrement sur les côtés du bol. Incorporer les cerises et répartir dans six assiettes à dessert. Laisser refroidir jusqu'à ce qu'il soit complètement pris.

Gelée de cerises au cidre

Pour 6 personnes

Préparez comme pour la gelée de porto-gris, mais remplacez le cidre sec fort par du porto et 5 ml/1 cuillère à café de zeste d'orange râpé par de la cannelle.

ananas cuit

Pour 8 personnes

225 g/8 oz/1 tasse de sucre cristallisé (superfin).
150 ml/¼ pt/2/3 tasse d'eau froide
1 gros ananas frais
6 clous de girofle entiers
5 cm/2 pouces d'un morceau de bâton de cannelle
1,5 ml/¼ cuillère à café de muscade râpée
60 ml/4 cuillères à soupe de sherry moyennement sec
15 ml/1 cuillère à soupe de rhum brun
Biscuits (biscuits), pour servir

Placer le sucre et l'eau dans un plat de 2,5 litres/4½ pt/11 tasses et bien mélanger. Couvrir d'une grande assiette inversée et cuire à feu vif pendant 8 minutes pour obtenir un sirop. Pendant ce temps, épluchez et épépinez l'ananas et retirez les "yeux" avec la pointe d'un épluche-pomme de terre. Tranchez, puis coupez les tranches en morceaux. Ajouter au sirop avec les autres ingrédients. Couvrir d'un film alimentaire (film alimentaire) et couper en deux pour permettre à la vapeur de s'échapper. Cuire à feu vif pendant 10 minutes en retournant le plat trois fois. Laisser reposer 8 minutes avant de verser dans les assiettes et de déguster avec des biscuits croquants au beurre.

Vin chaud aux fruits de Sharon

Pour 8 personnes

Préparez comme pour le vin chaud à l'ananas, mais remplacez 8 litres de fruit de Sharon par de l'ananas. Après avoir ajouté au sirop avec les autres ingrédients, faites bouillir complètement pendant seulement 5 minutes. Goûtez avec du cognac au lieu du rhum.

Pêche chaude

Pour 8 personnes

Préparez comme pour l'ananas haché, mais remplacez l'ananas par 8 grosses pêches coupées en deux et dénoyautées (sans noyaux). Après avoir ajouté au sirop avec les autres ingrédients, faites bouillir complètement pendant seulement 5 minutes. A déguster avec une liqueur d'orange à la place du rhum.

Ampoules roses

Pour 6 personnes

450 ml/¾ pt/2 tasses de vin rosé
75 g/3 oz/1/3 tasse de sucre cristallisé (superfin).
6 poires dessert, tiges restantes
30 ml/2 cuillères à soupe de farine de maïs (amidon de maïs)
45 ml/3 cuillères à soupe d'eau froide
45 ml/3 cuillères à soupe de porto fauve

Versez le vin dans un plat peu profond suffisamment grand pour contenir toutes les poires d'un côté en une seule couche. Ajoutez le sucre et mélangez bien. Cuire à découvert pendant 3 minutes. Pendant ce temps, épluchez les poires en prenant soin de ne pas perdre la tige. Placer d'un côté dans le mélange vin et sucre. Couvrir d'un film alimentaire (film alimentaire) et couper en deux pour permettre à la vapeur de s'échapper. Faire bouillir complètement pendant 4 minutes. Retournez les poires avec deux cuillères. Couvrir comme avant et cuire à feu vif pendant encore 4 minutes. Laisser agir 5 minutes. Disposer verticalement sur une assiette de service. Pour épaissir la sauce, mélangez uniformément la semoule de maïs avec l'eau, ajoutez le porto et déglacez le mélange de vin. Cuire à découvert à feu vif pendant 5 minutes en remuant rapidement toutes les minutes, jusqu'à ce qu'il soit légèrement épaissi et pâle. Verser sur les poires et servir tiède ou froid.

Pudding de Noël

Donne 2 puddings, chacun servant 6 à 8 personnes

65 g de farine nature (tout usage).
15 ml/1 cuillère à soupe de poudre de cacao (chocolat non sucré)
10 ml/2 cuillères à café d'épices mélangées (tarte aux pommes) ou de piment de la Jamaïque moulu
5 ml/1 cuillère à café d'écorces d'orange ou de mandarine râpées
75 g/3 onces/1½ tasse de chapelure complète fraîche
125 g / 4 oz / ½ tasse de cassonade foncée et molle

450 g/1 lb/4 tasses de fruits secs mélangés (mélange à gâteau aux fruits) avec zeste
125 g/4 oz/1 tasse de suif râpé (végétarien si préféré)
2 gros œufs, à température ambiante
15 ml/1 cuillère à soupe de sirop noir (mélasse)
Guinness 60 ml/4 cuillères à soupe
15 ml/1 cuillère à soupe de lait

Graisser soigneusement deux bassines à pudding de 900 ml/1½ pt/3¾ tasse. Tamisez la farine, le cacao et les épices dans un grand bol. Ajoutez le zeste, la chapelure, le sucre, les fruits et le suif. Dans un autre bol, fouettez ensemble les œufs, le sirop, la Guinness et le lait. Mélanger les ingrédients secs avec une fourchette jusqu'à consistance lisse. Répartir uniformément dans les bassins préparés. Couvrir chacun d'eux sans serrer avec du papier absorbant. Cuire un à la fois pendant 4 minutes. Laisser reposer 3 minutes au micro-ondes. Cuire chaque pudding à feu vif pendant encore 2 minutes. Retirez les bassines lorsqu'elles ont refroidi. Une fois refroidi, enveloppez-le dans une double épaisseur de papier ciré (ciré) et congelez-le jusqu'au moment de l'utiliser. Pour servir, décongeler complètement,

Pudding aux prunes au beurre

Donne 2 puddings, chacun servant 6 à 8 personnes

Préparez comme pour le pudding de Noël, mais remplacez 125 g de beurre fondu par le suif.

Pudding aux prunes à l'huile

Donne 2 puddings, chacun servant 6 à 8 personnes

Préparez comme pour le pudding de Noël, mais remplacez 75 ml/5 cuillères à soupe d'huile de tournesol ou de maïs par le jus. Ajoutez encore 15 ml/1 cuillère à soupe de lait.

Soufflé aux fruits en verre

Pour 6 personnes

Grande boîte de 400 g/14 oz/1 garniture aux fruits
3 œufs, séparés
90 ml/6 cuillères à soupe de crème fouettée non sucrée

Versez la garniture aux fruits dans un bol et incorporez les jaunes d'œufs, fouettez les blancs d'œufs en neige ferme et incorporez-les délicatement au mélange de fruits jusqu'à ce que le tout soit bien mélangé. Versez le mélange uniformément dans six verres à vin à pied (pas en cristal) jusqu'à ce qu'ils soient à moitié pleins. Cuire par paires en décongelant pendant 3 minutes. Le mélange doit monter jusqu'au sommet de chaque verre, mais coulera légèrement à la sortie du four. Faites une entaille sur le dessus de chacun avec un couteau. Versez 15 ml/1 cuillère à soupe de crème sur chacun. Il coulera sur les côtés des verres jusqu'en bas. Sers immédiatement.

Pudding de Noël presque instantané

Donne 2 puddings, chacun pour 8 personnes

Absolument superbes, incroyablement riches en saveurs, profondément toniques, fruitées et à maturation rapide, elles n'ont donc pas besoin d'être préparées des semaines à l'avance. La garniture aux fruits en conserve est ici le principal moteur et représente le succès sans faille des puddings.

225 g/8 oz/4 tasses de chapelure blanche fraîche
125 g/4 onces/1 tasse de farine tout usage
12,5 ml/2½ cuillères à café moulues tout usage
175 g/6 onces/¾ tasse de cassonade molle et foncée
275 g/10 oz/2¼ tasses de suif finement râpé (végétarien si préféré)
675 g/1½ lb/4 tasses de fruits secs mélangés (pâte à tarte aux fruits)
3 œufs bien battus
400 g/14 oz/1 grande boîte de garniture aux cerises
30 ml/2 cuillères à soupe de sirop noir (mélasse)
Crème au beurre hollandais ou crème fouettée pour servir.

Graisser soigneusement deux bassines à pudding de 900 ml/1½ pt/3¾ tasse. Mettez dans un bol la chapelure, la farine tamisée et le piment de la Jamaïque, ajoutez le sucre, les fruits égouttés et secs. Mélanger jusqu'à ce que le mélange soit bien mou avec les œufs, la garniture aux fruits et le sirop. Répartir dans les bassines préparées et couvrir chacune d'elles sans serrer avec du papier absorbant. Cuire un à la fois pendant 6 minutes. Laisser reposer 5 minutes au micro-ondes. Faites cuire chaque pudding à feu vif pendant encore 3 minutes, en retournant la poêle deux fois. Retirez les bassines lorsqu'elles ont refroidi. Une fois refroidi, enveloppez-le dans du papier absorbant (gras) et réfrigérez jusqu'au moment de l'utiliser. Couper en portions et réchauffer comme indiqué dans le tableau des plats cuisinés. Servir avec de la chantilly ou de la chantilly.

Pudding de Noël ultra fruité

Pour 8 à 10 personnes

Un Billington's Sugar à l'ancienne, avec du beurre ou de la margarine à la place du sucre.

75 g / 3 oz / ¾ tasse de farine tout usage
7,5 ml/1½ cuillère à café moulu tout usage
40 g/1½ oz/¾ tasse de chapelure complète
75 g/3 onces/1/3 tasse de sucre demerara
75 g/3 oz/1/3 de sucre de mélasse
125 g/4 onces/2/3 tasse de groseilles
125 g/4 oz/2/3 tasse de raisins secs (raisins dorés)
125 g d'abricots secs coupés en morceaux
45 ml/3 cuillères à soupe de noisettes grillées hachées
1 petite pomme à manger (dessert), pelée et râpée
Zeste finement râpé et jus d'1 petite orange
50 ml/3½ cuillères à soupe de lait froid
75 g/3 onces/1/3 tasse de beurre ou de margarine
50 g de chocolat noir (mi-sucré), cassé en morceaux
1 gros oeuf, battu
Sauce au cognac

Graisser soigneusement un bassin à pudding de 900 ml/1½ pt/3¾ tasse. Tamisez la farine et les épices dans un grand bol. Ajoutez la chapelure et le sucre et mélangez pour dissoudre les grumeaux. Mélangez les groseilles séchées, les raisins secs, les abricots, les noix, la pomme et le zeste d'orange et versez le jus d'orange dans un pichet. Ajouter le lait, le beurre ou la margarine et le chocolat. Réchauffer en décongelant pendant 2½ à 3 minutes jusqu'à ce que le beurre et le chocolat soient fondus. Répartir les ingrédients secs avec l'œuf battu. Verser dans le bol préparé. Couvrir sans serrer d'une feuille de papier sulfurisé ou de papier ciré (ciré). Cuire à feu vif pendant 5 minutes en secouant la poêle deux fois. Laisser agir 5 minutes. Cuire à feu vif encore 5 minutes, secouer la poêle deux fois. Laisser reposer 5 minutes avant de retourner sur une assiette et de servir avec une sauce au brandy.

Crumble aux prunes

Serviteur 4

450 g de prunes dénoyautées (sans noyaux).
125 g/4 oz/½ tasse de cassonade molle
175 g/6 onces/1½ tasse de farine complète tout usage
125g/4oz/½ tasse de beurre ou de margarine
75 g/3 onces/1/3 tasse de sucre demerara
2,5 ml/½ cuillère à café de piment de la Jamaïque moulu (facultatif)

Placer les prunes dans un moule à gâteau graissé de 1 litre/1¾ pt/4¼ tasse. Mélangez le sucre, versez la farine dans un bol et incorporez-y finement le beurre ou la margarine. Ajoutez le sucre et les épices et mélangez. Saupoudrer généreusement le mélange sur les fruits. Cuire à découvert pendant 10 minutes en retournant le plat deux fois. Laisser agir 5 minutes. Mangez chaud ou chaud.

Crumble aux prunes et pommes

Serviteur 4

Préparez comme pour le Plum Crumble, mais remplacez la moitié des prunes par 225 g de pommes pelées et tranchées. Ajoutez 5 ml/1 cuillère à café de zeste de citron râpé aux fruits avec le sucre.

Crumble aux abricots

Serviteur 4

Préparez comme pour le Plum Crumble, mais remplacez les prunes par des abricots frais dénoyautés.

Crumble de petits fruits aux amandes

Serviteur 4

Préparez comme pour le Plum Crumble, mais remplacez les prunes par les baies préparées. Ajoutez 30 ml/2 cuillères à soupe d'amandes grillées effilées (tranchées) au mélange de crumble.

Crumble poire-rhubarbe

Serviteur 4

Préparez comme pour le Plum Crumble, mais remplacez les prunes par un mélange de poires pelées et hachées et de rhubarbe hachée.

Crumble nectarine et myrtille

Serviteur 4

Préparez comme pour le Plum Crumble, mais remplacez les prunes par un mélange de nectarines et de myrtilles dénoyautées et hachées.

Pomme Betty

Pour 4 à 6 personnes

50g/2oz/¼ tasse de beurre ou de margarine
125 g/4 onces/2 tasses de chapelure croustillante, achetée ou préparée à partir de pain grillé
175 g/6 onces/¾ tasse de cassonade légère et molle
750 g de pommes bouillantes (acidulées), pelées, épépinées et tranchées finement
30 ml/2 cuillères à soupe de jus de citron
Le zeste râpé d'1 petit citron
2,5 ml/½ cuillère à café de cannelle moulue
75 ml/5 cuillères à soupe d'eau froide
Double crème (épaisse), fouettée ou glacée, pour servir

Beurrer un moule à cake de 600 ml/1 pt/2½ tasse. Faire fondre le beurre ou la margarine à feu vif pendant 45 secondes. Mélangez la chapelure et les deux tiers du sucre, mélangez les tranches de pomme, le jus de citron, le zeste de citron, la cannelle, l'eau et le reste du sucre. Remplissez le moule à gâteau préparé en alternant les couches de chapelure et le mélange de pommes, en commençant et en terminant par la chapelure. Cuire à découvert pendant 7 minutes en retournant le plat deux fois. Laisser poser 5 minutes avant de déguster avec de la crème ou de la glace.

Nectarine ou Pêche Betty

Pour 4 à 6 personnes

Préparez comme pour Apple Betty, mais remplacez les pommes par des nectarines ou des pêches tranchées (dénoyautées).

Pudding râpé du Moyen-Orient aux noix

Pour 6 personnes

C'est un excellent pudding de ce qu'on appelait autrefois l'Arabie. L'eau de fleur d'oranger est disponible dans certains supermarchés et pharmacies.

6 gros grains, hachés
100 g/3½ oz/1 tasse de pignons de pin grillés
125g/4oz/½ tasse de sucre cristallisé (super fin).
150 ml/¼ pt/2/3 tasse de lait entier
50 g/2 oz/¼ tasse de beurre (pas de margarine)
45 ml/3 cuillères à soupe d'eau de fleur d'oranger

Beurrer un plat allant au four d'un diamètre de 20 cm/8 et émietter 3 grains en petits morceaux au fond. Mélanger les noix et le sucre et saupoudrer uniformément. Écrasez le reste du blé haché. Faites chauffer le lait et le beurre dans un pichet, à découvert, à feu vif pendant 1 1/2 minutes. Mélangez l'eau de fleur d'oranger et versez délicatement sur les ingrédients présents dans le plat. Cuire à découvert pendant 6 minutes. Laisser reposer 2 minutes avant de servir.

Cocktail de fruits d'été

Pour 8 personnes

225 g/8 onces/2 tasses de groseilles, dessus et queues
225 g de rhubarbe hachée
30 ml/2 cuillères à soupe d'eau froide
250g/8oz/1 tasse de sucre cristallisé (superfin).
450 g de fraises tranchées
125 g de framboises
125 g de groseilles, tiges enlevées
30 ml/2 cuillères à soupe de liqueur de cassis ou d'orange (facultatif)

Placez les groseilles et la rhubarbe dans une assiette creuse avec l'eau. Couvrir d'un film alimentaire (film alimentaire) et couper en deux pour permettre à la vapeur de s'échapper. Cuire à feu vif pendant 6 minutes en retournant une fois. Découvrir. Ajoutez le sucre et remuez jusqu'à ce qu'il se dissolve. Incorporer le reste des fruits, couvrir une fois refroidi et bien refroidir. Ajoutez du cassis ou de la liqueur, le cas échéant, juste avant de servir.

Compote de dattes et bananes du Moyen-Orient

Pour 6 personnes

Les dattes fraîches, généralement en provenance d'Israël, sont facilement disponibles en hiver.

450 g de dattes fraîches
450 g de bananes
Jus de ½ citron
Jus d'une ½ orange
45 ml/3 cuillères à soupe d'eau-de-vie d'orange ou d'abricot
15 ml/1 cuillère à soupe d'eau de rose
30 ml/2 cuillères à soupe de sucre demerara
Gâteau éponge, pour servir

Épluchez les dattes et coupez-les en deux pour enlever les noyaux. Placer dans un bol de 1,75 litre/3 pt/7½ tasse. Pelez les bananes et coupez-les directement dessus. Ajouter tous les autres ingrédients et remuer doucement pour combiner. Couvrir d'un film alimentaire (film alimentaire) et couper en deux pour permettre à la vapeur de s'échapper. Cuire à feu vif pendant 6 minutes en retournant le plat deux fois. A manger chaud avec une génoise.

Salade de fruits secs mélangés

Serviteur 4

225 g de fruits secs mélangés tels que des rondelles de pomme, des abricots, des pêches, des poires et des prunes
300 ml/½ pt/1¼ tasse d'eau bouillante
50 g/2 oz/¼ tasse de sucre cristallisé
10 ml/2 cuillères à café de zeste de citron finement râpé
Yaourt nature épais, pour servir

Lavez soigneusement les fruits et placez-les dans un bol de 1,25 litre/2¼ pt/5½ tasse. Ajouter l'eau et le sucre, couvrir d'une assiette et laisser macérer 4 heures. Transférer au micro-ondes et cuire complètement pendant environ 20 minutes, jusqu'à ce que les fruits soient tendres. Incorporer le zeste de citron et servir chaud avec un yaourt épais.

Pouding aux pommes et aux mûres

Pour 6 personnes

Un peu de beurre fondu
275 g/10 oz/2¼ tasses de farine auto-levante (auto-levante).
150 g/5 onces/2/3 tasse de beurre ou de margarine, à température de cuisson
125 g/4 oz/½ tasse de cassonade molle
2 oeufs battus
Farce aux pommes et aux mûres 400g/14oz/1 grand pot
45 ml/3 cuillères à soupe de lait froid
Crème ou crème anglaise pour servir

Badigeonner un plat à soufflé rond de 1,25 litre/2¼ pt/5½ tasse avec le beurre fondu. Tamisez la farine dans un bol et incorporez-la finement au beurre ou à la margarine. Ajouter le sucre et pétrir jusqu'à obtenir un mélange souple avec les œufs, la garniture aux fruits et le lait en mélangeant vigoureusement sans fouetter. Répartir uniformément dans le plat préparé. Cuire à découvert à feu vif pendant 9 minutes en retournant le plat trois fois. Laisser agir 5 minutes. Transférer dans un plat peu profond chauffé. Verser sur des assiettes de service avec de la crème ou de la crème.

Pouding au citron et aux mûres

Serviteur 4

Un peu de beurre fondu
225 g/8 oz/2 tasses de mûres, écrasées
Zeste finement râpé et jus d'1 citron
225 g/8 oz/2 tasses de farine auto-levante (auto-levante).
125g/4oz/½ tasse de beurre ou de margarine
100 g/3½ oz/petite ½ tasse de cassonade molle et foncée
2 oeufs battus
60 ml/4 cuillères à soupe de lait froid
Crème, glace ou sorbet citron, pour servir

Badigeonner une assiette peu profonde de 18 cm de diamètre de beurre fondu. Mélangez les mûres avec le zeste et le jus de citron et réservez. Tamisez la farine dans un bol. Incorporer le beurre et le sucre et mélanger jusqu'à consistance lisse avec les fruits hachés, les œufs et le lait. Répartir uniformément dans le plat préparé. Cuire à découvert à feu vif pendant 7 à 8 minutes, jusqu'à ce que le pudding atteigne le dessus de l'assiette et que le dessus présente des taches brillantes. Laisser agir 5 minutes, après quoi le pudding tombera légèrement. Détachez les bords avec un couteau et retournez-le sur une assiette chaude. Il se déguste chaud avec de la crème, de la glace ou un sorbet citron.

Pouding au citron et aux framboises

Serviteur 4

Préparez comme pour le Lemony Bramble Pudding, mais remplacez les mûres par des framboises.

Pudding renversé aux abricots et aux noix

Pour 8 personnes

Pour le pudding :

50g/2oz/¼ tasse de beurre ou de margarine

50 g / 2 oz / ¼ tasse de cassonade légère et molle

Moitiés d'abricots au sirop en boîte de 400 g, égouttés et au sirop

50 g/2 oz/½ tasse de moitiés de noix

Pour le remplissage:

225 g/8 oz/2 tasses de farine auto-levante (auto-levante).

125g/4oz/½ tasse de beurre ou de margarine

125g/4oz/½ tasse de sucre cristallisé (super fin).

Le zeste finement râpé d'1 orange

2 oeufs

75 ml/5 cuillères à soupe de lait froid

2,5 à 5 ml/½ à 1 cuillère à café d'essence d'amande (extrait)

Glace au café, pour servir

Pour faire le pudding, graissez le fond et les côtés d'un moule profond de 25 cm de diamètre. Ajoutez du beurre ou de la margarine. Faire fondre à découvert, décongeler 2 minutes. Saupoudrez la cassonade sur le beurre afin qu'elle recouvre presque le fond du plat. Disposez soigneusement les moitiés d'abricots sur le sucre, côté coupé vers le haut et mélangez avec les moitiés de noix.

Pour préparer la garniture, tamisez la farine dans un bol. Frotter finement le beurre ou la margarine. Ajoutez le sucre et le zeste d'orange et mélangez. Battez bien le reste des ingrédients, puis mélangez-les avec les ingrédients secs jusqu'à obtenir une consistance lisse. Répartir uniformément sur les fruits et les noix. Cuire à découvert pendant 10 minutes. Laisser reposer 5 minutes, puis retourner délicatement sur une assiette peu profonde. Faites chauffer le sirop réservé pendant 25 secondes maximum. Servir le pudding avec de la glace au café et du sirop chaud.

dessert banane et glace vanille-FLAMBE

Serviteur 4

Originaire de la Nouvelle-Orléans et nommé d'après Dick Foster, responsable du nettoyage des mœurs de la ville dans les années 1950. C'est du moins ce que raconte l'histoire.

25 g/1 oz/2 cuillères à soupe de beurre ou de margarine de tournesol
4 bananes
45 ml/3 cuillères à soupe de cassonade foncée et molle
1,5 ml/¼ cuillère à café de cannelle moulue
5 ml/1 cuillère à café de zeste d'orange finement râpé
60 ml/4 cuillères à soupe de rhum brun
Glace vanille pour servir

Placer le beurre dans un plat peu profond de 23 cm de diamètre. Faire fondre en décongelant pendant 1 minute et demie. Épluchez les bananes, coupez-les en deux dans le sens de la longueur, puis coupez chaque moitié en deux morceaux. Disposer sur l'assiette et saupoudrer de sucre, de cannelle et de zeste d'orange. Couvrir d'un film alimentaire (film alimentaire) et couper en deux pour permettre à la vapeur de s'échapper. Faire bouillir complètement pendant 3 minutes. Laisser agir 1 minute. Réchauffez le rhum une fois décongelé jusqu'à ce qu'il soit juste tiède. Allumez le rhum avec une allumette et versez-le sur les bananes découvertes. Servir avec une riche glace à la vanille.

Gâteau aux épices du Mississippi

Pour 8 personnes

Pour le flan (fond de tarte) :
225 g de pâte brisée toute prête (pâte à tarte de base)
1 jaune d'oeuf

Pour la farce :
450 g de patates douces roses à chair jaune, pelées et coupées en cubes
60 ml/4 cuillères à soupe d'eau bouillante
75 g/3 oz/1/3 tasse de sucre cristallisé (superfin).
10 ml/2 cuillère à café moulu tout usage
3 gros œufs
150 ml/¼ pt/2/3 tasse de lait froid
30 ml/2 cuillères à soupe de beurre fondu

Crème fouettée ou glace vanille pour servir

Abaisser finement la pâte et tapisser une plaque à pâtisserie cannelée de 23 cm de diamètre légèrement beurrée. Piquez bien le tout avec une fourchette, surtout là où le côté rejoint le fond. Cuire à découvert à feu vif pendant 6 minutes en retournant le plat trois fois. Si un gonflement apparaît, appuyez doucement avec les doigts protégés par des gants de cuisine. Badigeonnez le tout de jaune d'œuf pour boucher les trous. Cuire à découvert pendant 1 minute supplémentaire. Mettre de côté.

Pour préparer la garniture, placez les pommes de terre dans un plat de 1 litre/1¾ pt/4¼ tasse. Ajoutez l'eau bouillante. Couvrir d'un film alimentaire (film alimentaire) et couper en deux pour permettre à la vapeur de s'échapper. Cuire à feu vif pendant 10 minutes en retournant le plat deux fois. Laisser agir 5 minutes. Vidange. Placer dans un robot culinaire ou un mélangeur et ajouter le reste des ingrédients. Mixez jusqu'à obtenir une purée onctueuse. Répartir uniformément dans le moule à gâteau cuit. Cuire à découvert tout en décongelant pendant 20 à 25 minutes jusqu'à ce que la garniture soit prise, en retournant le plat quatre fois. Du froid au chaud. Couper en portions et servir avec de la chantilly moelleuse ou de la glace vanille.

Pudding de la Jamaïque

Pour 4 à 5 personnes

225 g/8 oz/2 tasses de farine auto-levante (auto-levante).
125 g/4 oz/½ tasse de mélange de shortening blanc (shortening) et de margarine
125g/4oz/½ tasse de sucre cristallisé (super fin).
2 gros œufs, battus
50 g/2 oz/¼ tasse d'ananas écrasé en conserve avec du sirop
15 ml/1 cuillère à soupe d'essence de café et de chicorée (extrait) ou de liqueur de café
Crème caillée, pour servir

Beurrer un moule à soufflé de 1,75 pinte/3 pt/7½ tasse. Tamisez la farine dans un bol et frottez-y finement les graisses. Mélanger le sucre, mélanger à la fourchette jusqu'à consistance lisse avec les œufs, l'ananas avec le sirop et l'essence ou la liqueur de café. Répartir uniformément sur l'assiette. Cuire à découvert à feu vif pendant 6 minutes, en retournant une fois. Retourner sur une assiette et laisser reposer 5 minutes. Remettez au micro-ondes. Cuire à feu vif pendant encore 1 à 1½ minutes. Servir avec de la crème caillée.

Tarte à la citrouille

Pour 8 personnes

Consommé en Amérique du Nord le dernier jeudi de novembre pour célébrer Thanksgiving.

Pour le flan (fond de tarte) :
225 g de pâte brisée toute prête (pâte à tarte de base)
1 jaune d'oeuf

Pour la farce :
½ petit potiron ou portion de 1,75 kg avec graines
30 ml/2 cuillères à soupe de sirop noir (mélasse)
175 g/6 onces/¾ tasse de cassonade légère et molle
15 ml/1 cuillère à soupe de farine de maïs (amidon de maïs)
10 ml/2 cuillère à café moulu tout usage

150 ml/¼ pt/2/3 tasse de crème double (épaisse).
3 oeufs battus
Crème fouettée pour servir

Abaisser finement la pâte et tapisser une plaque à pâtisserie cannelée de 23 cm de diamètre légèrement beurrée. Piquez bien le tout avec une fourchette, surtout là où le côté rejoint le fond. Cuire à découvert à feu vif pendant 6 minutes en retournant le plat trois fois. Si un gonflement apparaît, appuyez doucement avec les doigts protégés par des gants de cuisine. Badigeonnez le tout de jaune d'œuf pour boucher les trous. Cuire à découvert pendant 1 minute supplémentaire. Mettre de côté.

Pour faire la garniture, placez le potiron sur une assiette. Cuire à découvert pendant 15 à 18 minutes jusqu'à ce que la viande soit très tendre. Retirer la cuillère de la peau et laisser refroidir jusqu'à ce qu'elle soit tiède. Mélanger jusqu'à obtention d'une masse homogène avec les autres ingrédients. Verser dans le moule à gâteau encore sur l'assiette. Cuire à découvert à feu vif pendant 20 à 30 minutes jusqu'à ce que la garniture prenne, en retournant le plat quatre fois. Servir chaud avec de la chantilly. Si vous préférez, utilisez 425 g/15 oz/2 tasses de citrouille en conserve au lieu de citrouille fraîche.

Tartelette au sirop d'avoine

Pour 6 à 8 personnes

Une version mise à jour de la tarte à la mélasse.

Pour le flan (fond de tarte) :
225 g de pâte brisée toute prête (pâte à tarte de base)
1 jaune d'oeuf

Pour la farce :
125 g/4 oz/2 tasses de granola grillé aux fruits et noix
75 ml/5 cuillères à soupe de sirop doré (maïs clair).
15 ml/1 cuillère à soupe de sirop noir (mélasse)
Crème fouettée pour servir

Abaisser finement la pâte et tapisser une plaque à pâtisserie cannelée de 23 cm de diamètre légèrement beurrée. Piquez bien le tout avec une fourchette, surtout là où le côté rejoint le fond. Cuire à découvert à feu vif pendant 6 minutes en retournant le plat trois fois. Si un gonflement apparaît, appuyez doucement avec les doigts protégés par des gants de cuisine. Badigeonnez le tout de jaune d'œuf pour boucher les trous. Cuire à découvert pendant 1 minute supplémentaire. Mettre de côté.

Pour préparer la garniture, le granola, la mélasse et la mélasse sont mélangés et versés dans le moule à gâteau cuit. Cuire à découvert pendant 3 minutes. Laisser agir 2 minutes. Cuire à découvert pendant 1 minute supplémentaire. Servir avec de la crème.

Flan de génoise à la noix de coco

Pour 8 à 10 personnes

Pour le flan (fond de tarte) :
225 g de pâte brisée toute prête (pâte à tarte de base)
1 jaune d'oeuf

Pour la farce :
175g/6oz/1½ tasse de farine auto-levante (auto-levante).
75 g/3 onces/1/3 tasse de beurre ou de margarine
75 g/3 oz/1/3 tasse de sucre cristallisé (superfin).
75 ml/5 cuillères à soupe de noix de coco desséchée (râpée).
2 oeufs
5 ml/1 cuillère à café d'essence de vanille (extrait)

60 ml/4 cuillères à soupe de lait froid
30 ml/2 cuillères à soupe de confiture de fraises ou de cassis (en conserve)

Pour le glaçage (glaçage) :
225 g/8 onces/1 1/3 tasses de sucre glace (sucre en poudre), tamisé
Eau de fleur d'oranger

Abaisser finement la pâte et tapisser une plaque à pâtisserie cannelée de 23 cm de diamètre légèrement beurrée. Piquez bien le tout avec une fourchette, surtout là où le côté rejoint le fond. Cuire à découvert à feu vif pendant 6 minutes en retournant le plat trois fois. Si un gonflement apparaît, appuyez doucement avec les doigts protégés par des gants de cuisine. Badigeonnez le tout de jaune d'œuf pour boucher les trous. Cuire à découvert pendant 1 minute supplémentaire. Mettre de côté.

Pour préparer la garniture à la noix de coco, tamisez la farine dans un bol. Frotter le beurre ou la margarine, ajouter le sucre et la noix de coco, puis pétrir jusqu'à obtenir une pâte molle avec l'œuf, la vanille et le lait. Étalez la confiture sur le moule à gâteau encore dans le moule. Répartir uniformément le mélange de noix de coco. Cuire à découvert à feu vif pendant 6 minutes en retournant le plat quatre fois. Le flan est prêt lorsque la surface paraît sèche et qu'il ne reste plus de taches collantes. Laissez refroidir complètement.

Pour faire le glaçage, mélangez le sucre glace avec suffisamment d'eau de fleur d'oranger pour obtenir un glaçage épais ; quelques cuillères à café devraient suffire. Répartir sur le dessus du flan. Laisser durcir avant de découper.

Gâteau Bakewell facile

Pour 8 à 10 personnes

Préparez comme pour la génoise à la noix de coco, mais utilisez de la confiture de framboise (conserve) et remplacez la noix de coco par des amandes hachées.

Gâteau de papa émietté

Pour 8 à 10 personnes

Pour le flan (fond de tarte) :
225 g de pâte brisée toute prête (pâte à tarte de base)
1 jaune d'oeuf

Pour la farce :
350 g/12 oz/1 tasse de bœuf haché

Pour le crumble aux noix :
50g/2oz/¼ tasse de beurre

125 g/4 oz/1 tasse de farine autolevante (autolevante), tamisée
50 g de sucre démérara
5 ml/1 cuillère à café de cannelle moulue
60 ml/4 cuillères à soupe de noix finement hachées

Servir:
Crème fouettée, crème anglaise ou glace

Abaisser finement la pâte et tapisser une plaque à pâtisserie cannelée de 23 cm de diamètre légèrement beurrée. Piquez bien le tout avec une fourchette, surtout là où le côté rejoint le fond. Cuire à découvert à feu vif pendant 6 minutes en retournant le plat trois fois. Si un gonflement apparaît, appuyez doucement avec les doigts protégés par des gants de cuisine. Badigeonnez le tout de jaune d'œuf pour boucher les trous. Cuire à découvert pendant 1 minute supplémentaire. Mettre de côté.

Pour préparer la garniture, versez-la uniformément dans la cocotte cuite.

Pour émietter la noix, frottez le beurre dans la farine, puis ajoutez le sucre, la cannelle et les noix et pressez la garniture en une couche uniforme. Laisser découvert et cuire à feu vif pendant 4 minutes en retournant le gâteau deux fois. Laisser agir 5 minutes. Couper en cubes et servir chaud avec de la chantilly, de la crème anglaise ou de la glace.

Pudding au pain et au beurre

Serviteur 4

Le pudding préféré des Britanniques.

4 grosses tranches de pain blanc
50 g/2 oz/¼ tasse de beurre température de cuisson ou de beurre mou à tartiner
50 g/2 oz/1/3 tasse de groseilles
50 g/2 oz/¼ tasse de sucre cristallisé (superfin).
600 ml/1 pt/2½ tasses de lait froid
3 oeufs
30 ml/2 cuillères à soupe de sucre demerara

Noix de muscade râpée

Laissez les croûtes sur le pain. Badigeonner chaque tranche de beurre, puis couper en quatre carrés. Graisser soigneusement un plat carré ou ovale de 1,75 pinte/3 pt/7½ tasse de profondeur. Disposez la moitié des carrés de pain au fond, côtés beurrés vers le haut. Saupoudrer de groseilles et de sucre glace. Couvrir avec le reste du pain, toujours côté beurre vers le haut. Versez le lait dans un pichet ou un bol. Réchauffer, à découvert, pendant 3 minutes maximum. Battez bien les œufs et versez-les lentement et délicatement sur le pain. Saupoudrer de sucre Demerara et de muscade. Laisser poser 30 minutes, légèrement recouvert d'un morceau de papier ciré (ciré). Cuire à découvert tout en décongelant pendant 30 minutes. Croustiller le dessus sous un gril chaud avant de servir.

Pain au citron et pudding au beurre

Serviteur 4

Préparez comme pour le pudding au pain et au beurre, mais tartinez le pain de crème de citron au lieu de beurre.

Crème aux œufs au four

Serviteur 4

Excellent à consommer seul, avec tout type de combinaison de salades de fruits ou de cocktails de fruits d'été.

300 ml/½ pt/1¼ tasse de crème liquide (légère) ou de lait entier
3 oeufs
1 jaune d'oeuf
100 g de sucre fin granulé (superfin)
5 ml/1 cuillère à café d'essence de vanille (extrait)
2,5 ml/½ cuillère à café de muscade râpée

Beurrer soigneusement un plat de 1 litre / 1¾ pt / 4¼ tasse. Versez la crème ou le lait dans un pichet. Réchauffer à découvert pendant 1 minute et demie maximum. Incorporer tous les autres ingrédients sauf la muscade. Filtrer dans une assiette. Placer dans un autre plat de 2 litres/3½ pt/8½ tasse. Versez l'eau bouillante dans le grand plat jusqu'à ce qu'elle atteigne le niveau de la crème dans le petit plat. Saupoudrer le dessus de la crème de muscade. Cuire à découvert pendant 6 à 8 minutes, jusqu'à ce que la crème soit à peine prise. Sortez-le du micro-ondes et laissez-le reposer 7 minutes. Soulevez le plat de crème de la plus grande assiette et continuez à reposer jusqu'à ce que le centre prenne. Servir chaud ou froid.

Pouding à la semoule

Serviteur 4

Nourriture de maternelle, mais toujours populaire auprès de tous.

50 g/2 oz/1/3 tasse de semoule (crème de blé)
50 g/2 oz/¼ tasse de sucre cristallisé (superfin).
600 ml/1 pt/2½ tasses de lait
10 ml/2 cuillères à café de beurre ou de margarine

Mettez la semoule dans un bol. Incorporer le sucre et le lait. Cuire à découvert à feu vif pendant 7 à 8 minutes, en fouettant soigneusement toutes les minutes, jusqu'à ébullition et épaississement. Incorporer le beurre ou la margarine et transférer dans une assiette de service pour manger.

Bouillie de riz moulu

Serviteur 4

Préparez comme pour le pouding à la semoule, mais remplacez le riz moulu par de la semoule (crème de blé).

Pudding au sirop de suif cuit à la vapeur

Serviteur 4

45 ml/3 cuillères à soupe de sirop doré (maïs clair).
125 g/4 oz/1 tasse de farine auto-levante (auto-levante).
50 g/2 oz/½ tasse de suif râpé (végétarien si préféré)
50 g/2 oz/¼ tasse de sucre cristallisé (superfin).

1 oeuf

5 ml/1 cuillère à café d'essence de vanille (extrait)

90 ml/6 cuillères à soupe de lait froid

Graisser soigneusement une bassine à pudding de 1,25 litre/2¼ pt/5½ tasse. Versez le sirop jusqu'à ce qu'il recouvre le fond. Tamisez la farine dans un bol et ajoutez le suif et le sucre, battez bien l'œuf, l'essence de vanille et le lait, puis incorporez les ingrédients secs. Verser dans la bassine. Cuire à découvert à feu vif pendant 4 à 4 1/2 minutes, jusqu'à ce que le pudding atteigne le sommet du bol. Laisser agir 2 minutes. Démouler et verser sur quatre assiettes. Servir avec n'importe quelle sauce dessert sucrée.

Pudding à la confiture ou au miel

Serviteur 4

Préparez comme pour un pudding au suif cuit à la vapeur, mais remplacez le sirop par de la confiture ou du miel.

Pouding au gingembre

Serviteur 4

Préparez comme pour un pudding au sirop sucré cuit à la vapeur, mais tamisez 10 ml/2 cuillères à café de gingembre moulu avec la farine.

Pudding à la confiture de champignons

Serviteur 4

45 ml/3 cuillères à soupe de confiture de framboises (en conserve)
175g/6oz/1½ tasse de farine auto-levante (auto-levante).
75 g/3 onces/1/3 tasse de beurre ou de margarine
75 g/3 oz/1/3 tasse de sucre cristallisé (superfin).
2 oeufs
45 ml/3 cuillères à soupe de lait froid
5 ml/1 cuillère à café d'essence de vanille (extrait)
Crème fouettée ou crème pour servir

Versez la confiture dans une bassine à pudding bien graissée de 1,5 litre/2½ pt/6 tasse. Tamisez la farine dans un bol. Frotter finement le beurre ou la margarine, puis verser le sucre, bien battre les œufs, le lait et l'essence de vanille, puis incorporer les ingrédients secs. Verser dans la bassine. Cuire à feu vif pendant 7 à 8 minutes jusqu'à ce que le pudding atteigne le dessus de la casserole. Laisser agir 3 minutes. Démoulez et répartissez les portions sur quatre assiettes. Servir avec de la crème ou de la crème.

Pudding aux champignons et au citron

Serviteur 4

Préparez comme pour le pudding aux champignons avec de la confiture, mais remplacez la confiture par de la crème de citron (conserve) et ajoutez le zeste finement râpé d'1 petit citron aux ingrédients secs.

Crêpes Suzette

Serviteur 4

Il revient à la mode après une longue période dans l'ombre.

8 crêpes cuites de manière conventionnelle, chacune d'env. 20 cm/8 de diamètre

45 ml/3 cuillères à soupe de beurre

30 ml/2 cuillères à soupe de sucre glace (superfin)

5 ml/1 cuillère à café de zeste d'orange râpé

5 ml/1 cuillère à café de zeste de citron râpé

Jus de 2 grosses oranges

30 ml/2 cuillères à soupe de Grand Marnier

30 ml/2 cuillères à soupe de cognac

Pliez chaque crêpe en quatre pour ressembler à une enveloppe. Laisser de côté. Placer le beurre dans un plat peu profond de 25 cm/10 cm de diamètre. Dissoudre en décongelant pendant 1½ à 2 minutes. Ajouter tous les autres ingrédients sauf le cognac et bien mélanger. Chauffer à feu vif pendant 2 à 2 1/2 minutes. Mixte. Ajouter les crêpes en une seule couche et arroser de sauce au beurre. Cuire à découvert pendant 3 à 4 minutes. Retirer du micro-ondes. Versez le cognac dans une tasse et faites-le chauffer soigneusement pendant 15 à 20 secondes jusqu'à ce qu'il soit tiède. Versez dans une louche et allumez avec une allumette. Verser sur les crêpes et servir hors du feu.

Pommes cuites

Pour 1 pomme : coupez une ligne autour d'une grosse pomme piquante (aigre) avec un couteau bien aiguisé, à environ un tiers de la hauteur. Retirez le trognon avec un épluche-légumes ou un vide-pomme en prenant soin de ne pas couper le bas de la pomme. Remplissez de sucre, de fruits secs, de confiture (conserves) ou de crème de citron. Disposer sur une assiette et cuire à découvert à feu vif pendant 3 à 4 minutes en retournant l'assiette deux fois, jusqu'à ce que la pomme lève comme un soufflé. Laisser poser 2 minutes avant de manger.

Pour 2 pommes : comme pour 1 pomme, mais placez les pommes les unes à côté des autres dans l'assiette et faites cuire à pleine puissance pendant 5 minutes.

Pour 3 pommes : comme pour 1 pomme, mais disposez-les en triangle sur l'assiette et faites cuire à pleine puissance pendant 7 minutes.

Pour 4 pommes : comme pour 1 pomme, mais disposez-la en carré sur l'assiette et laissez cuire à fond pendant 8 à 10 minutes.

Bœuf braisé et légumes

Serviteur 4

30 ml/2 cuillères à soupe de beurre ou de margarine, à température de cuisine

1 gros oignon, râpé

3 carottes, tranchées finement

75 g/3 oz de champignons, tranchés finement

450 g de rumsteck (pointe), coupé en cubes

1 cube de bouillon de boeuf

15 ml/1 cuillère à soupe de farine nature (tout usage).

300 ml/½ pt/1¼ tasse d'eau chaude ou de bouillon de bœuf

Poivre noir fraîchement moulu

5 ml/1 cuillère à café de sel

Placez le beurre ou la margarine dans un plat allant au four de 20 cm de diamètre (faitout). Faire fondre à la décongélation pendant 45 secondes. Ajouter les légumes et le steak et bien mélanger. Cuire à découvert pendant 3 minutes. Émiettez le cube de bouillon et ajoutez la farine et l'eau tiède ou le bouillon. Déplacez le mélange vers le bord du plat allant au four pour former un cercle en laissant un petit trou au centre. Saupoudrer de poivre. Couvrir d'un film alimentaire (film alimentaire) et couper en deux pour permettre à la vapeur de s'échapper. Cuire à feu vif pendant 9 minutes en retournant une fois. Laisser reposer 5 minutes, saler et servir.

Ragoût de bœuf

Serviteur 4

450 g de steak de ragoût maigre, coupé en cubes
15 ml/1 cuillère à soupe de farine nature (tout usage).
Casserole de légumes surgelés non décongelés, 250 g
300 ml/½ pt/1¼ tasse d'eau bouillante
1 cube de bouillon de boeuf
Poivre fraîchement moulu
2,5-5 ml/½-1 cuillère à café de sel

Disposez le steak dans un plat allant au four (faitout) de 23 cm de diamètre, pas trop profond. Saupoudrer de farine, puis bien mélanger pour bien enrober. Étalez légèrement en une seule couche. Coupez les légumes en petits morceaux, puis disposez-les autour de la viande. Couvrir d'un film alimentaire (film alimentaire) et couper en deux pour permettre à la vapeur de s'échapper. Cuire à feu vif pendant 15 minutes en retournant le plat quatre fois. Versez l'eau sur la viande et émiettez le cube de bouillon. Assaisonner de poivre et bien mélanger. Couvrir comme avant, puis cuire à feu vif pendant 10 minutes en retournant le plat trois fois. Laisser agir 5 minutes, puis mélanger, saler et servir.

Ragoût de boeuf et légumes

Serviteur 4

450 g de pommes de terre
2 carottes
1 gros oignon
450 g de steak de ragoût maigre, coupé en cubes
1 cube de bouillon de boeuf
150 ml/¼ pt/2/3 tasse de bouillon de bœuf ou de légumes chaud
30 ml/2 cuillères à soupe de beurre ou de margarine

Coupez les pommes de terre, les carottes et les oignons en tranches transparentes et très fines. Coupez les tranches d'oignon en rondelles. Bien graisser un plat allant au four de 1,75 litre/3 pt/7½ tasse. Farcir en alternant les couches de légumes et de viande, en commençant et en terminant par les pommes de terre. Couvrir d'un film alimentaire (film alimentaire) et couper en deux pour permettre à la vapeur de s'échapper. Cuire à feu vif pendant 15 minutes en retournant le plat trois fois. Émiettez le cube de bouillon dans le bouillon chaud et remuez jusqu'à dissolution. Versez délicatement sur le côté de l'assiette pour qu'il coule à travers la viande et les légumes. Garnir de flocons de beurre ou de margarine. Couvrir comme avant et cuire à feu vif pendant 15 minutes en retournant le plat trois fois. Laisser agir 5 minutes. Faire dorer sous un grill chaud (grils), si désiré.

Bœuf au curry

Pour 4 à 5 personnes

Une version anglicisée d'un curry moyennement épicé. Servir avec du riz basmati et des sambals (garniture) de yaourt nature, des tranches de concombre saupoudrées de coriandre fraîche hachée (coriandre) et du chutney.

450 g de bœuf maigre coupé en dés
2 oignons, hachés
2 gousses d'ail, écrasées
15 ml/1 cuillère à soupe d'huile de tournesol ou de maïs
30 ml/2 cuillères à soupe de poudre de curry piquant
30 ml/2 cuillères à soupe de purée de tomates (pâte)
15 ml/1 cuillère à soupe de farine nature (tout usage).
4 gousses de cardamome verte
15 ml/1 cuillère à soupe de garam masala
450 ml/¾ pt/2 tasses d'eau chaude
5 ml/1 cuillère à café de sel

Disposez la viande en une seule couche dans un plat peu profond de 25 cm de diamètre. Couvrir d'une assiette et cuire à feu vif pendant 15 minutes en remuant deux fois. Pendant ce temps, faites revenir (faire frire) l'oignon et l'ail de manière conventionnelle dans l'huile dans une poêle (casserole) à feu moyen jusqu'à ce qu'ils soient légèrement dorés.

Incorporer la poudre de curry, la pâte de tomate, la farine, les gousses de cardamome et le garam masala, puis ajouter progressivement l'eau chaude et cuire en remuant jusqu'à ce que le mélange bout et épaississe. Sortez le plat de viande du micro-ondes et ajoutez le contenu de la casserole, couvrez d'un film alimentaire (film alimentaire) et coupez en deux pour permettre à la vapeur de s'échapper. Cuire à feu vif pendant 10 minutes en retournant le plat deux fois.

Papa basique

Serviteur 4

450 g/1 lb/4 tasses de bœuf haché maigre
1 oignon, râpé
30 ml/2 cuillères à soupe de farine nature (tout usage).
450 ml/¾ pt/2 tasses d'eau chaude
1 cube de bouillon de boeuf
5 ml/1 cuillère à café de sel

Placer la viande dans un plat peu profond de 20 cm de diamètre. Mélangez soigneusement l'oignon et la farine avec une fourchette. Cuire à découvert pendant 5 minutes. Déchirez la viande avec une fourchette. Ajouter de l'eau et émietter dans le cube de bouillon. Bien mélanger pour combiner. Couvrir d'un film alimentaire (film alimentaire) et couper en deux pour permettre à la vapeur de s'échapper. Cuire à feu vif pendant 15 minutes en retournant le plat quatre fois. Laisser agir 4 minutes. Salez et mélangez avant de servir.

Gâteau cottage

Serviteur 4

1 montant Fars de base
675 g/1½ lb de pommes de terre fraîchement bouillies
30 ml/2 cuillères à soupe de beurre ou de margarine
60 à 90 ml/4 à 6 cuillères à soupe de lait chaud

Refroidissez le hachis de base jusqu'à ce qu'il soit tiède et transférez-le dans un moule à gâteau graissé de 1 litre/1¾ pt/4¼ tasse. Crémer les pommes de terre avec du beurre ou de la margarine et suffisamment de lait pour obtenir une purée légère et aérée. Râpez-le sur le mélange de viande ou étalez-le uniformément et dégrossissez-le avec une fourchette. Chauffer à découvert pendant 3 minutes maximum. Alternativement, faites dorer sous un gril chaud (gril).

Gâteau à la ricotta et au fromage

Serviteur 4

Préparez comme pour le gâteau à la ricotta, mais ajoutez 50 à 75 g de cheddar râpé aux pommes de terre après les avoir crémées avec du beurre et du lait tiède.

Hacher avec de l'avoine

Serviteur 4

Préparez comme pour le Basic Mince, mais ajoutez 1 carotte râpée avec l'oignon. Remplacez la farine par 25 g/1 oz/½ tasse de farine d'avoine. Cuire une première fois pendant 7 minutes.

Piment avec de la viande

Pour 4 à 5 personnes

450 g/1 lb/4 tasses de bœuf haché maigre

1 oignon, râpé

2 gousses d'ail, écrasées

5 à 20 ml/1 à 4 cuillères à café d'assaisonnement au piment

400 g/14 oz/1 grosse boîte de tomates hachées

5 ml/1 cuillère à café de sauce Worcestershire

400 g/14 oz/1 grande boîte de haricots rouges, égouttés

5 ml/1 cuillère à café de sel

Pommes de terre en chemise ou riz bouilli, pour servir

Disposez la viande dans un plat allant au four de 23 cm de diamètre (faitout). Mélangez l'oignon et l'ail avec une fourchette. Cuire à découvert pendant 5 minutes. Déchirez la viande avec une fourchette. Mélangez tous les autres ingrédients sauf le sel. Couvrir d'un film alimentaire (film alimentaire) et couper en deux pour permettre à la vapeur de s'échapper. Cuire à feu vif pendant 15 minutes en retournant le plat trois fois. Laisser agir 4 minutes. Assaisonner de sel avant de servir avec des pommes de terre en chemise ou du riz bouilli.

sauce au curry

Serviteur 4

2 oignons, râpés
2 gousses d'ail, écrasées
450 g/1 lb/4 tasses de bœuf haché maigre
15 ml/1 cuillère à soupe de farine nature (tout usage).
5 à 10 ml/1 à 2 cuillères à soupe de poudre de curry doux
30 ml/2 cuillères à soupe de chutney fruité
60 ml/4 cuillères à soupe de purée de tomates (pâtes)
300 ml/½ pt/1¼ tasse d'eau bouillante
1 cube de bouillon de boeuf
Sel et poivre noir fraîchement moulu

Écraser ensemble l'oignon, l'ail et le bœuf. Étaler dans un plat allant au four de 20 cm/8 cm de diamètre (faitout). Formez un cercle sur le pourtour du moule en laissant un petit trou au centre. Couvrir d'une assiette et cuire à feu vif pendant 5 minutes. Rompre avec une fourchette. Incorporer la farine, le curry, le chutney et le concentré de tomate, incorporer progressivement l'eau, puis émietter dans le cube de bouillon, couvrir de film alimentaire (film alimentaire) et couper en deux pour laisser s'échapper la vapeur. Cuire à feu vif pendant 15 minutes en retournant le plat trois fois. Laisser agir 4 minutes. Goûtez, mélangez et servez.

Goulasch de boeuf

Pour 6 personnes

40 g/1½ oz/3 cuillères à soupe de beurre, de margarine ou de saindoux
675 g de steak Steak, en cubes
2 gros oignons, râpés
1 poivron vert moyen, épépiné et coupé en dés
2 gousses d'ail, écrasées
4 tomates blanchies, pelées et hachées
45 ml/3 cuillères à soupe de purée de tomates (pâtes)
15 ml/1 cuillère à soupe de paprika
5 ml/1 cuillère à café de graines de cumin
5 ml/1 cuillère à café de sel
300 ml/½ pt/1¼ tasse d'eau bouillante
150 ml/¼ pt/2/3 tasse de crème sure (acide lactique).

Placer la graisse dans un plat de 1,75 litre/3 pt/7½ tasse. Faire fondre à découvert pendant 1 minute. Mélangez la viande, l'oignon, le poivron et l'ail, couvrez d'un film alimentaire et coupez en deux pour laisser s'échapper la vapeur. Cuire à feu vif pendant 15 minutes en retournant le plat quatre fois. Découvrez et incorporez les tomates, le concentré de tomates, le paprika et le cumin, couvrez comme avant et laissez cuire à feu vif pendant 15 minutes en retournant le plat quatre fois. Salez et mélangez délicatement avec l'eau bouillante, versez dans des assiettes creuses et recouvrez généreusement de crème.

Goulasch de bœuf aux pommes de terre bouillies

Pour 6 personnes

Préparez comme pour le goulasch de bœuf, mais en omettant la crème et en ajoutant 2-3 pommes de terre bouillies entières pour chaque portion.

Ragoût de haricots beurre et de bœuf aux tomates

Pour 6 personnes

425 g/15 oz/1 grande boîte de haricots beurre
275 g/10 oz de soupe aux tomates/1 boîte de conserve
30 ml/2 cuillères à soupe d'oignons séchés
6 tranches de viande braisée, env. 125g/4oz chacun, monté à plat
Sel et poivre noir fraîchement moulu

Placer les haricots, la soupe et l'oignon dans un plat allant au four de 20 cm de diamètre (faitout). Couvrir d'une assiette et cuire à feu vif pendant 6 minutes en remuant trois fois. Disposez les steaks sur le pourtour de l'assiette. Couvrir d'un film alimentaire (film alimentaire) et couper en deux pour permettre à la vapeur de s'échapper. Cuire à feu vif pendant 17 minutes en retournant le plat trois fois. Laisser agir 5 minutes. Découvrez et dégustez avant de servir.

Tarte au bœuf et aux tomates

Pour 2-3 personnes

275 g/10 onces/2½ tasses de bœuf haché
30 ml/2 cuillères à soupe de farine nature (tout usage).
1 oeuf
5 ml/1 cuillère à café de poudre d'oignon
150 ml/¼ pt/2/3 tasse de jus de tomate
5 ml/1 cuillère à café de sauce soja
5 ml/1 cuillère à café d'origan séché
Pâtes cuites pour servir

Bien graisser un moule à gâteau ovale de 900 ml/1½ pt/3¾ tasse. Mélangez la viande avec tous les autres ingrédients et répartissez-la uniformément dans l'assiette. Couvrir d'un film alimentaire (film alimentaire) et couper en deux pour permettre à la vapeur de s'échapper. Cuire à feu vif pendant 7 minutes en retournant le plat deux fois. Laisser agir 5 minutes. Coupez-le en deux ou trois portions et servez chaud avec des pâtes.

Brochette de boeuf et champignons

Serviteur 4

24 feuilles de laurier fraîches ou séchées
½ poivron rouge, coupé en carrés
½ poivron vert, coupé en carrés
750 g/1½ lb de steak grillé (rôti), paré et coupé en cubes de 2,5 cm/1 pouce
175 g de champignons de Paris
50 g/2 onces/¼ tasse de beurre ou de margarine, à température de cuisine
5 ml/1 cuillère à café de paprika
5 ml/1 cuillère à café de sauce Worcestershire
1 gousse d'ail, écrasée
175 g/6 onces/1½ tasse de riz, cuit

Si vous utilisez des feuilles de laurier séchées, placez-les dans une soucoupe, ajoutez 90 ml/6 cuillères à soupe d'eau et couvrez d'une soucoupe. Chauffer à fond pendant 2 minutes pour ramollir. Disposez les carrés de poivrons dans une assiette et recouvrez-les à peine d'eau. Couvrir d'une assiette et chauffer à feu vif pendant 1 minute pour ramollir. Égouttez le poivron et les feuilles de laurier. Enfilez le bœuf, les champignons, les carrés de poivrons et les feuilles de laurier sur douze brochettes en bois de 10 cm/4 cm. Disposez les brochettes comme les rayons d'une roue dans un plat creux de 25 cm de diamètre. Mettez le beurre ou la margarine, le paprika, la sauce Worcestershire et l'ail dans un petit plat et faites chauffer à découvert pendant 1 minute. Badigeonnez les brochettes. Cuire à découvert pendant 8 minutes en retournant le plat quatre fois. Retourner délicatement les brochettes et badigeonner du reste du mélange de beurre. Cuire à feu vif encore 4 minutes en retournant le plat deux fois. Disposer sur un fond de riz et recouvrir du jus du plat. Comptez trois brochettes par personne.

Agneau farci

Serviteur 4

Une approche un peu moyen-orientale ici. Servir l'agneau avec du pain pita chaud et une salade verte parsemée d'olives et de câpres.

4 morceaux de filet de cou d'agneau, env. 15 cm de long et 675 g/½ lb chacun
3 grosses tranches de pain blanc croustillant, coupées en dés
1 oignon, coupé en 6 cubes
45 ml/3 cuillères à soupe de pignons de pin grillés
30 ml/2 cuillères à soupe de groseilles
2,5 ml/½ cuillère à café de sel

150 g/5 oz/2/3 tasse de yaourt grec nature épais
Poudre de cannelle
8 champignons
15 ml/1 cuillère à soupe d'huile d'olive

Coupez le gras de l'agneau. Faites une coupe dans le sens de la longueur dans chaque morceau, en prenant soin de ne pas couper directement dans la viande. Broyer ensemble les cubes de pain et les morceaux d'oignon dans un robot culinaire ou un mixeur. Grattez dans un bol et mélangez les pignons de pin, les groseilles et le sel. Répartissez des quantités égales dans les morceaux d'agneau et fixez avec des bâtons en bois (cure-dents). Disposer en carré sur un plat de 25 cm/10 cm de profondeur. Tartinez avec tout le yaourt et saupoudrez légèrement de cannelle. Saupoudrer aléatoirement de champignons et les enrober finement d'huile. Couvrir d'un film alimentaire (film alimentaire) et couper en deux pour permettre à la vapeur de s'échapper. Cuire à feu vif pendant 16 minutes en retournant le plat quatre fois. Laissez reposer 5 minutes, puis servez.

Brochette d'agneau à la menthe

Pour 6 personnes

900 g de cou d'agneau paré
12 grandes feuilles de menthe
60 ml/4 cuillères à soupe de yaourt nature épais
60 ml/4 cuillères à soupe de ketchup aux tomates (catsup)
1 gousse d'ail, écrasée

5 ml/1 cuillère à café de sauce Worcestershire
6 pains pita, chauds
Feuilles de laitue, tranches de tomates et de concombre

Coupez la viande en cubes de 2,5 cm/1 pouce. Enfilez six brochettes en bois en alternance avec les feuilles de menthe. Disposez comme les rayons d'une roue dans un plat creux de 25 cm/10 de diamètre. Mélangez bien le yaourt, le ketchup, l'ail et la sauce Worcestershire et badigeonnez les brochettes de la moitié du mélange. Cuire à découvert pendant 8 minutes en retournant le plat deux fois. Retournez les brochettes et badigeonnez-les avec le reste de la grille. Cuire à feu vif encore 8 minutes en retournant le plat deux fois. Laisser agir 5 minutes. Réchauffez brièvement les pains pita sous le grill (grils) jusqu'à ce qu'ils gonflent, puis coupez le long du bord long pour former une poche. Retirez la viande des brochettes et jetez les feuilles de laurier. Enveloppez l'agneau dans des pittas,

Brochette d'agneau classique

Pour 6 personnes

900 g de cou d'agneau paré
12 grandes feuilles de menthe
30 ml/2 cuillères à soupe de beurre ou de margarine
5 ml/1 cuillère à café de sel d'ail
5 ml/1 cuillère à café de sauce Worcestershire
5 ml/1 cuillère à café de sauce soja
2,5 ml/½ cuillère à café de paprika

6 pains pita, chauds
Feuilles de laitue, tranches de tomates et de concombre

Coupez la viande en cubes de 2,5 cm/1 pouce. Enfilez six brochettes en bois en alternance avec les feuilles de menthe. Disposez comme les rayons d'une roue dans un plat creux de 25 cm/10 de diamètre. Faire fondre le beurre ou la margarine à feu vif pendant 1 minute, puis ajouter le sel d'ail, la sauce Worcestershire, la sauce soja et le paprika et bien mélanger. Badigeonnez les brochettes de la moitié du mélange. Cuire à découvert pendant 8 minutes en retournant le plat deux fois. Retournez les brochettes et badigeonnez-les avec le reste de la grille. Cuire à feu vif encore 8 minutes en retournant le plat deux fois. Laisser agir 5 minutes. Réchauffez brièvement les pains pita sous le grill (grils) jusqu'à ce qu'ils gonflent, puis coupez le long du bord long pour former une poche. Retirez la viande des brochettes et jetez les feuilles de laurier. Enveloppez l'agneau dans les pittas, puis ajoutez une généreuse portion de salade à chacun.

Agneau du Moyen-Orient aux fruits

Pour 4 à 6 personnes

Ce plat d'agneau délicatement épicé et fruité est d'une élégance discrète, rehaussée par son enrobage de pignons de pin grillés et d'amandes effilées. Servir avec du yaourt et du riz beurré.

675 g d'agneau désossé, le plus maigre possible
5 ml/1 cuillère à café de cannelle moulue

2,5 ml/½ cuillère à café de clous de girofle moulus
30 ml/2 cuillères à soupe de cassonade légère et molle
1 oignon, haché
30 ml/2 cuillères à soupe de jus de citron
10 ml/2 cuillères à café de farine de maïs (amidon de maïs)
15 ml/1 cuillère à soupe d'eau froide
7,5-10 ml/1½-2 cuillères à café de sel
400 g/14 oz/1 grande boîte de tranches de pêche nature ou de jus de pomme, égouttées
30 ml/2 cuillères à soupe de pignons de pin grillés
30 ml/2 cuillères à soupe d'amandes effilées

Coupez l'agneau en cubes. Placer dans une cocotte de 1,75 pinte/3 pt/7½ tasse (faitout). Mélangez les épices, le sucre, l'oignon et le jus de citron et ajoutez-les au plat. Couvrir d'une assiette et cuire à feu vif pendant 5 minutes, puis laisser reposer 5 minutes. Répétez trois fois en mélangeant bien à chaque fois. Mélangez la maïzena et l'eau jusqu'à obtenir une pâte lisse. Égoutter le liquide de l'agneau et ajouter le mélange de semoule de maïs et le sel. Verser sur l'agneau et bien mélanger. Cuire à découvert pendant 2 minutes. Ajouter les tranches de pêches et cuire à découvert à feu vif pendant encore une minute et demie. Saupoudrer de pignons de pin et d'amandes et servir.

Faux ragoût irlandais

Serviteur 4

675 g/1½ lb d'agneau mijoté en cubes

2 gros oignons, grossièrement râpés
450 g de pommes de terre, coupées en fins dés
300 ml/½ pt/1¼ tasse d'eau bouillante
5 ml/1 cuillère à café de sel
45 ml/3 cuillères à soupe de persil haché

Retirez l'excès de graisse de l'agneau. Disposez la viande et les légumes en une seule couche dans une assiette creuse de 25 cm/10 cm de diamètre. Couvrir d'un film alimentaire (film alimentaire) et couper en deux pour permettre à la vapeur de s'échapper. Cuire à feu vif pendant 15 minutes en retournant le plat deux fois. Mélangez l'eau et le sel et versez-le sur la viande et les légumes, mélangez bien. Couvrir comme avant et cuire à feu vif pendant 20 minutes en retournant le plat trois fois. Laisser agir 10 minutes. Découvrir et saupoudrer de persil avant de servir.

La fermière Côtelettes d'agneau

Serviteur 4

3 pommes de terre bouillies froides, tranchées finement
3 carottes bouillies froides, tranchées finement
4 côtelettes d'agneau maigres de 150 g chacune
1 petit oignon, râpé
1 pomme chaude (tarte), pelée et râpée

30 ml/2 cuillères à soupe de jus de pomme
Sel et poivre noir fraîchement moulu
15 ml/1 cuillère à soupe de beurre ou de margarine

Disposez les tranches de pommes de terre et de carottes en une seule couche au fond d'une assiette peu profonde de 20 cm de diamètre. Disposez les côtelettes dessus. Saupoudrer d'oignon et de pomme et verser sur le jus. Assaisonner au goût et arroser de flocons de beurre ou de margarine. Couvrir d'un film alimentaire (film alimentaire) et couper en deux pour permettre à la vapeur de s'échapper. Cuire à feu vif pendant 15 minutes en retournant le plat deux fois. Laisser reposer 5 minutes avant de servir.

ragoût d'agneau

Serviteur 4

675 g de pommes de terre tranchées très finement
2 oignons, tranchés très finement
3 carottes tranchées très finement
2 grosses branches de céleri, coupées en fines lanières en diagonale
8 meilleures côtelettes d'agneau du cou, env. Total 1kg/2lbs

1 cube de bouillon de boeuf
300 ml/½ pt/1¼ tasse d'eau bouillante
5 ml/1 cuillère à café de sel
25 ml/1½ cuillère à soupe de beurre fondu ou de margarine

Disposez la moitié des légumes préparés en couches dans une cocotte légèrement graissée de 2,25 pintes/4 pt/10 tasses (faitoute). Disposez les escalopes dessus et recouvrez du reste des légumes. Couvrir d'un film alimentaire (film alimentaire) et couper en deux pour permettre à la vapeur de s'échapper. Cuire à feu vif pendant 15 minutes en retournant le plat trois fois. Retirer du micro-ondes et découvrir. Émiettez le cube de bouillon dans l'eau et ajoutez le sel. Versez délicatement sur le côté de la casserole. Saupoudrer de beurre ou de margarine. Couvrir comme avant et cuire à feu vif pendant 15 minutes. Laisser reposer 6 minutes avant de servir.

Pain d'agneau à la menthe et au romarin

Serviteur 4

450 g/1 lb/4 tasses d'agneau haché (haché).
1 gousse d'ail, écrasée
2,5 ml/½ cuillère à café de romarin séché émietté
2,5 ml/½ cuillère à café de menthe séchée
30 ml/2 cuillères à soupe de farine nature (tout usage).

2 gros œufs, battus

2,5 ml/½ cuillère à café de sel

5 ml/1 cuillère à café de sauce de table brune

Noix de muscade râpée

Graisser légèrement un moule à gâteau ovale de 900 ml/1½ pt/3¾ tasse. Mélangez tous les ingrédients sauf la muscade et répartissez-les uniformément dans l'assiette. Couvrir d'un film alimentaire (film alimentaire) et couper en deux pour permettre à la vapeur de s'échapper. Cuire à feu vif pendant 8 minutes en retournant le plat deux fois. Laisser reposer 4 minutes, puis découvrir et saupoudrer de muscade. Couper en portions pour servir.

Ragoût d'agneau aux tomates cerises

Pour 6 personnes

Préparez comme pour le ragoût de poulet aux tomates, mais remplacez l'agneau désossé et haché grossièrement par le poulet.

Lamb Biryani

Pour 4 à 6 personnes

5 gousses de cardamome
30 ml/2 cuillères à soupe d'huile de tournesol
450 g/1 lb de filet d'agneau paré, coupé en cubes
2 gousses d'ail, écrasées
20 ml/4 cuillères à café de garam masala

225 g/8 oz/1¼ tasse de riz à grains longs légèrement cuit
600 ml/1 pt/2½ tasses de bouillon de poulet chaud
10 ml/2 cuillères à café de sel
125 g/4 oz/1 tasse d'amandes effilées (tranchées), grillées

Fendez les gousses de cardamome pour retirer les graines, puis écrasez les graines avec un pilon et un mortier. Faites chauffer l'huile dans une casserole de 1,5 litre/3 pt/7½ tasse (faitout) à pleine vitesse pendant 1 1/2 minutes. Ajouter l'agneau, l'ail, les graines de cardamome et le garam masala. Mélangez bien et placez-le le long du bord du plat allant au four en laissant un petit trou au centre. Couvrir d'un film alimentaire (film alimentaire) et couper en deux pour permettre à la vapeur de s'échapper. Faire bouillir complètement pendant 10 minutes. Découvrez et mélangez avec le riz, le bouillon et le sel, couvrez comme avant et laissez cuire à feu vif pendant 15 minutes. Laisser reposer 3 minutes, puis verser sur des assiettes chaudes et parsemer chaque portion d'amandes.

Biriani garni

Pour 4 à 6 personnes

Préparez comme pour le biriani d'agneau, mais disposez le biriani sur un plat de service chaud et garnissez d'œufs durs hachés, de quartiers de tomates, de feuilles de coriandre (coriandre) et d'oignons hachés frits (soffita).

Moussaka

Pour 6 à 8 personnes

Vous aurez besoin d'un peu de patience pour cuisiner ce classique grec d'agneau multicouche, mais les résultats en valent la peine. Les tranches d'aubergine pochée (aubergine) la rendent moins riche et plus digeste que certaines versions.

Pour les couches d'aubergines :

675 g d'aubergines

75 ml/5 cuillères à soupe d'eau chaude

5 ml/1 cuillère à café de sel

15 ml/1 cuillère à soupe de jus de citron frais

Pour les couches de viande :

40 g/1½ oz/3 cuillères à soupe de beurre, de margarine ou d'huile d'olive

2 oignons, finement hachés

1 gousse d'ail, écrasée

350 g/12 oz/3 tasses d'agneau haché (haché) cuit à froid

125 g/4 oz/2 tasses de chapelure blanche fraîche

Sel et poivre noir fraîchement moulu

4 tomates blanchies, pelées et tranchées

Pour la sauce:

425 ml/¾ pt/petit 2 tasses de lait entier

40 g/1½ oz/3 cuillères à soupe de beurre ou de margarine

45 ml/3 cuillères à soupe de farine nature (tout usage).

75 g de fromage cheddar râpé

1 jaune d'oeuf

Moussaka aux pommes de terre

Pour 6 à 8 personnes

Préparez comme pour la moussaka, mais remplacez les aubergines (aubergines) par des tranches de pommes de terre bouillies.

Moussaka rapide

Pour 3-4 personnes

Une alternative rapide avec un goût et une texture acceptables.

1 aubergine (aubergine), env. 225g/8oz
15 ml/1 cuillère à soupe d'eau froide
300 ml/½ pt/1¼ tasse de lait froid

300 ml/½ pt/1¼ tasse d'eau

1 paquet de purée de pommes de terre instantanée pour 4 personnes

225 g/8 oz/2 tasses d'agneau haché (haché) cuit à froid

5 ml/1 cuillère à café de marjolaine séchée

5 ml/1 cuillère à café de sel

2 gousses d'ail, écrasées

3 tomates blanchies, pelées et tranchées

150 ml/¼ pt/2/3 tasse de yogourt grec épais

1 oeuf

Sel et poivre noir fraîchement moulu

50 g de fromage cheddar râpé

Coupez le dessus et la queue de l'aubergine et coupez-la en deux dans le sens de la longueur. Placez-les dans une assiette creuse, coupez les côtés vers le haut et mouillez-les à l'eau froide. Couvrir d'un film alimentaire (film alimentaire) et couper en deux pour permettre à la vapeur de s'échapper. Cuire à feu vif pendant 5½ à 6 minutes jusqu'à tendreté. Laisser poser 2 minutes, puis égoutter. Versez le lait et l'eau dans un bol et incorporez la pomme de terre séchée, couvrez d'une assiette et laissez cuire à feu vif pendant 6 minutes. Bien mélanger, puis ajouter l'agneau, la marjolaine, le sel et l'ail et trancher l'aubergine avec la peau. Disposer en alternance les tranches d'aubergines et le mélange de pommes de terre dans un plat allant au four graissé de 2,25 litres/4 pt/10 tasses (faitout), en utilisant la moitié des tranches de tomates pour former une « garniture de sandwich » au centre. Couvrir avec les tranches de tomates restantes. Fouettez le yaourt et les œufs ensemble et goûtez. Verser sur les tomates et saupoudrer de fromage. Couvrir d'un film alimentaire comme avant. Cuire complètement pendant 7 minutes. Découvrir et faire dorer sous un gril chaud (gril) avant de servir.

viande d'agneau

Serviteur 4

Préparez comme pour le hachis de base, mais remplacez l'agneau haché (haché) par de la viande hachée.

Pâté chinois

Serviteur 4

Préparez comme pour le hachis de base, mais remplacez le hachis d'agneau par du bœuf. Laisser tiédir, puis transférer dans un moule à gâteau graissé de 1 litre / 1¾ pt / 4½ tasse. Garnir de 750 g de purée de pommes de terre chaude crémée avec 15-30 ml/1-2 cuillères à soupe de beurre ou de margarine et 60 ml/4 cuillères à soupe de lait chaud. Bien assaisonner avec du sel et du poivre noir fraîchement moulu. Étalez le mélange de viande sur le dessus, puis mélangez à la fourchette. Réchauffer à découvert 2 à 3 minutes maximum ou faire dorer sous un grill chaud (grils).

Foie de campagne au vin rouge

Serviteur 4

25 g/1 oz/2 cuillères à soupe de beurre ou de margarine
2 oignons, râpés
450 g de foie d'agneau coupé en fines lanières
15 ml/1 cuillère à soupe de farine nature (tout usage).
300 ml/½ pt/1¼ tasse de vin rouge
15 ml/1 cuillère à soupe de cassonade foncée et molle
1 dés de bouillon de bœuf, émietté
30 ml/2 cuillères à soupe de persil haché
Sel et poivre noir fraîchement moulu
Pommes de terre bouillies au beurre et chou haché légèrement cuit, pour servir

Placez le beurre ou la margarine dans un plat peu profond de 25 cm/10 cm de diamètre. Faire fondre à découvert, décongeler 2 minutes. Mélangez l'oignon et le foie, couvrez d'une assiette et laissez cuire à feu vif pendant 5 minutes. Mélangez tous les ingrédients restants sauf le sel et le poivre. Couvrir d'une assiette et cuire à feu vif pendant 6 minutes en remuant deux fois. Laisser agir 3 minutes. Assaisonner au goût et servir avec des pommes de terre beurrées et du chou.

Foie et bacon

Pour 4 à 6 personnes

2 oignons, râpés
8 morceaux de bacon (tranches), hachés grossièrement
450 g de foie d'agneau coupé en cubes
45 ml/3 cuillères à soupe de farine de maïs (amidon de maïs)
60 ml/4 cuillères à soupe d'eau froide
150 ml/¼ pt/2/3 tasse d'eau bouillante
Sel et poivre noir fraîchement moulu

Placer l'oignon et le bacon dans une cocotte de 1,75 pinte/3 pt/7½ tasses (faitout). Cuire à découvert pendant 7 minutes en remuant deux fois. Ajouter le foie, couvrir d'une assiette et cuire à feu vif pendant 8 minutes en remuant trois fois. Mélangez la maïzena avec de l'eau froide jusqu'à obtenir une pâte lisse. Incorporer le foie et les oignons, puis ajouter progressivement l'eau bouillante, couvrir d'une assiette et cuire à feu vif pendant 6 minutes en remuant trois fois. Laisser agir 4 minutes. Goûtez et servez.

Foie et bacon à la pomme

Pour 4 à 6 personnes

Préparez comme pour le foie et les lardons, mais remplacez 1 pomme de table (dessert), pelée et râpée, par un des oignons. Remplacez la moitié de l'eau bouillante par du jus de pomme à température ambiante.

Rognons au vin rouge avec du cognac

Serviteur 4

6 reins paralysés
30 ml/2 cuillères à soupe de beurre ou de margarine
1 oignon, finement haché
30 ml/2 cuillères à soupe de farine nature (tout usage).
150 ml/¼ pt/2/3 tasse de vin rouge sec
2 cubes de bouillon de boeuf
50 g de champignons tranchés
10 ml/2 cuillères à café de purée de tomates (pâte)
2,5 ml/½ cuillère à café de paprika
2,5 ml/½ cuillère à café de moutarde en poudre
30 ml/2 cuillères à soupe de persil haché
30 ml/2 cuillères à soupe de cognac

Épluchez et coupez les rognons en deux, puis retirez les trognons et jetez-les à l'aide d'un couteau bien aiguisé. Tranche très fine. Faire fondre la moitié du beurre à découvert lors de la décongélation pendant 1 minute. Incorporer les rognons et réserver. Placer le reste du beurre et l'oignon dans un plat de 1,5 litre/2½ pt/6 tasses. Cuire à découvert pendant 2 minutes en remuant une fois. Ajoutez la farine, puis le vin. Cuire à découvert à feu vif pendant 3 minutes, en remuant rapidement toutes les minutes. Émietter les cubes de bouillon, puis incorporer les champignons, la purée de tomates, le paprika, la moutarde et les rognons avec le beurre ou la margarine. Bien mélanger. Couvrir d'un film alimentaire (film alimentaire) et couper en deux pour permettre à la vapeur de s'échapper. Cuire à feu vif pendant 5 minutes en retournant une fois. Laisser poser 3 minutes, puis découvrez et saupoudrez de persil. Faites chauffer le cognac dans une tasse pleine pendant 10 à 15 secondes. Versez le mélange de reins dessus et allumez.

Steaks de gibier aux pleurotes et gorgonzola

Serviteur 4

Sel et poivre noir fraîchement moulu
8 petits steaks de chevreuil
5 ml/1 cuillère à café de baies de genièvre hachées
5 ml/1 cuillère à café d'herbes de Provence
30 ml/2 cuillères à soupe d'huile d'olive
300 ml/½ pt/1 ¼ tasse de vin rouge sec
60 ml/4 cuillères à soupe de bouillon de bœuf riche
60 ml de gin/4 cuillères à soupe
1 oignon, haché
225 g de pleurotes pelés et tranchés
250 ml/8 fl oz/1 tasse de crème liquide (légère).
30 ml/2 cuillères à soupe de gelée de cassis (conserve claire)
60 ml/4 cuillères à soupe de fromage bleu émietté
30 ml/2 cuillères à soupe de persil haché

Assaisonnez le gibier selon votre goût, puis ajoutez les baies de genièvre et les herbes de Provence. Faites chauffer l'huile dans un plat allant au four à feu vif pendant 2 minutes. Ajouter les steaks et cuire à découvert à feu vif pendant 3 minutes, en les retournant une fois. Ajoutez le vin, le bouillon, le gin, l'oignon, les champignons, la crème et la gelée de cassis. Couvrir d'un film alimentaire (film alimentaire) et couper en deux pour permettre à la vapeur de s'échapper. Cuire à feu moyen pendant 25 minutes en retournant le plat quatre fois. Incorporer le fromage, couvrir d'une assiette résistante à la chaleur et cuire à feu vif pendant 2 minutes. Laisser agir 3 minutes, puis découvrir et servir garni de persil.

.

Préparation de petites pâtes

Suivez les instructions pour la cuisson des grosses pâtes, mais ne faites cuire que 4 à 5 minutes. Couvrir et laisser reposer 3 minutes, puis égoutter et servir.

Salade chinoise de nouilles et champignons aux noix

Pour 6 personnes

30 ml/2 cuillères à soupe d'huile de sésame
175 g de champignons tranchés
250 g de nouilles aux œufs
7,5 ml/1½ cuillère à café de sel
75 g de noix concassées
5 oignons nouveaux (oignons verts), hachés
30 ml/2 cuillères à soupe de sauce soja

Faites chauffer l'huile à découvert tout en décongelant pendant 2 1/2 minutes. Ajoutez les champignons. Couvrir d'une assiette et cuire à feu vif pendant 3 minutes en remuant deux fois. Mettre de côté. Placez les tagliatelles dans un grand bol et ajoutez suffisamment d'eau bouillante pour arriver 5 cm/2 au-dessus du niveau des pâtes. Incorporer le sel. Cuire à découvert à feu vif pendant 4 à 5 minutes, jusqu'à ce que les nouilles gonflent et soient juste tendres. Égoutter et laisser refroidir. Incorporer le reste des ingrédients, y compris les champignons, et bien mélanger.

Macaroni au poivre

Serviteur 2

300 ml/½ pt/1¼ tasse de jus de tomate
125 g/4 oz/1 tasse de macaronis au coude
5 ml/1 cuillère à café de sel
30 ml/2 cuillères à soupe de vin blanc réchauffé
1 petit poivron rouge ou vert épépiné et haché
45 ml/3 cuillères à soupe d'huile d'olive
75 g/3 oz/¾ tasse de gruyère (suisse) ou d'emmental, râpé
30 ml/2 cuillères à soupe de persil haché

Versez le jus de tomate dans un plat de 1,25 litre/2¼ pt/5½ tasse. Couvrir d'une assiette et chauffer à puissance élevée pendant 3½ à 4 minutes, jusqu'à ce qu'il soit très chaud et bouillonnant. Mélangez tous les autres ingrédients sauf le fromage et le persil. Couvrir comme avant et cuire à feu vif pendant 10 minutes en remuant deux fois. Laisser agir 5 minutes. Saupoudrer de fromage et de persil. Chauffer, sans couvercle, à feu vif pendant env. 1 minute jusqu'à ce que le fromage fonde.

Macaroni au fromage familial

Pour 6-7 personnes

Pour plus de commodité, cette recette est destinée à un grand repas familial, mais les restes peuvent être réchauffés par lots au micro-ondes.

350 g/12 oz/3 tasses de macaronis coudés
10 ml/2 cuillères à café de sel
30 ml/2 cuillères à soupe de farine de maïs (amidon de maïs)
600 ml/1 pt/2½ tasses de lait froid
1 œuf battu
10 ml/2 cuillères à café de moutarde préparée
Poivre noir fraîchement moulu
275 g/10 oz/2½ tasses de fromage cheddar, râpé

Disposez les macaronis dans un plat peu profond. Mélanger avec du sel et suffisamment d'eau bouillante pour monter 5 cm/2 au-dessus du niveau de la pâte. Cuire à découvert à feu vif pendant env. 10 minutes jusqu'à ce qu'ils soient juste tendres, en remuant trois fois. Égoutter si nécessaire. puis partez pendant que vous préparez la sauce. Dans un grand bol séparé, mélangez uniformément la semoule de maïs avec un peu de lait froid, puis incorporez le reste. Cuire à découvert à pleine puissance pendant 6 à 7 minutes jusqu'à épaississement uniforme, en fouettant toutes les minutes. Incorporer l'œuf, la moutarde et le poivre, puis les deux tiers du fromage et tous les macaronis. Mélangez soigneusement avec une fourchette. Répartir uniformément dans un moule à pâtisserie graissé de 30 cm de diamètre. Saupoudrer le reste du fromage. Chauffer à découvert pendant 4 à 5 minutes maximum. Si tu veux,

Macaroni classique et fromage

Pour 4 à 5 personnes

Cette version est légèrement plus riche que le Family Macaroni Cheese et se prête à de nombreuses variantes.

225 g/8 oz/2 tasse de macaroni au coude
7,5 ml/1½ cuillère à café de sel
30 ml/2 cuillères à soupe de beurre ou de margarine
30 ml/2 cuillères à soupe de farine nature (tout usage).
300 ml/½ pt/1¼ tasse de lait
225 g/8 oz/2 tasses de fromage cheddar, râpé

5 à 10 ml/1 à 2 cuillères à café de moutarde préparée
Sel et poivre noir fraîchement moulu

Disposez les macaronis dans un plat peu profond. Mélanger avec du sel et suffisamment d'eau bouillante pour monter 5 cm/2 au-dessus du niveau de la pâte. Cuire à découvert à feu vif pendant 8 à 10 minutes jusqu'à tendreté, en remuant deux ou trois fois. Placer au micro-ondes pendant 3-4 minutes. Égoutter si nécessaire. puis partez pendant que vous préparez la sauce. Faire fondre le beurre ou la margarine à découvert pendant la décongélation pendant 1 à 1½ minutes. Incorporer la farine, puis incorporer progressivement le lait. Cuire, à découvert, à feu vif pendant 6 à 7 minutes, jusqu'à épaississement uniforme, en fouettant toutes les minutes. Incorporer les deux tiers du fromage, suivi de la moutarde et de l'assaisonnement, puis des macaronis. Répartir uniformément dans un plat allant au four de 20 cm de diamètre. Saupoudrer du reste du fromage. Chauffer à découvert pendant 3 à 4 minutes maximum.

Macaroni au fromage au Stilton

Pour 4 à 5 personnes

Préparez comme pour un macaroni au fromage classique, mais remplacez la moitié du cheddar par 100 g de Stilton émietté.

Macaroni au fromage et bacon

Pour 4 à 5 personnes

Préparez comme pour les macaronis au fromage classiques, mais ajoutez 6 coupes (tranches) de bacon entrelacé, grillé (frit) jusqu'à ce qu'il soit croustillant puis émietté, avec de la moutarde et des assaisonnements.

Macaroni au fromage et tomates cerises

Pour 4 à 5 personnes

Préparez comme pour un macaroni au fromage classique, mais ajoutez une couche d'env. 3 tomates pelées sur les pâtes avant de saupoudrer du reste de fromage.

Spaghetti carbonara

Serviteur 4

75 ml/5 cuillères à soupe de crème double (épaisse).
2 gros œufs
100 g/4 oz/1 tasse de jambon de Parme, haché
175 g de parmesan râpé
350 g de spaghettis ou autres grosses pâtes

Battez ensemble la crème et les œufs. Incorporer le jambon et 90 ml/6 cuillères à soupe de parmesan. Cuire les spaghettis comme indiqué. Égoutter et déposer sur une assiette de service. Ajoutez le mélange de crème et mélangez le tout avec deux fourchettes ou cuillères en bois. Couvrir de papier absorbant et chauffer à feu vif pendant 1 minute et demie. Servir chaque portion garnie du parmesan restant.

Macaroni pizzaiola

Pour 4 à 5 personnes

225 g/8 oz/2 tasse de macaroni au coude
7,5 ml/1½ cuillère à café de sel
30 ml/2 cuillères à soupe de beurre ou de margarine
30 ml/2 cuillères à soupe de farine nature (tout usage).
300 ml/½ pt/1¼ tasse de lait

125 g/4 oz/1 tasse de fromage cheddar, râpé
125 g/4 onces/1 tasse de mozzarella, râpée
5 à 10 ml/1 à 2 cuillères à café de moutarde préparée
Sel et poivre noir fraîchement moulu
212 g/7 oz/1 petite boîte de thon à l'huile, égoutté et réservé
12 olives noires dénoyautées, tranchées
1 boîte de piment, tranché
2 tomates blanchies, pelées et hachées grossièrement
5 à 10 ml/1 à 2 cuillères à café de pesto rouge ou vert (facultatif)
Feuilles de basilic, pour la garniture

Disposez les macaronis dans un plat peu profond. Mélanger avec du sel et suffisamment d'eau bouillante pour monter 5 cm/2 au-dessus du niveau de la pâte. Cuire à découvert à feu vif pendant 8 à 10 minutes jusqu'à tendreté, en remuant deux ou trois fois. Placer au micro-ondes pendant 3-4 minutes. Égoutter si nécessaire. puis partez pendant que vous préparez la sauce. Faire fondre le beurre ou la margarine à découvert pendant la décongélation pendant 1 à 1½ minutes. Incorporer la farine, puis incorporer progressivement le lait. Cuire, à découvert, à feu vif pendant 6 à 7 minutes, jusqu'à épaississement uniforme, en fouettant toutes les minutes. Incorporer les deux tiers de chaque fromage, suivi de la moutarde et de l'assaisonnement. Mélanger les macaronis, le thon, 15 ml/1 cuillère à soupe d'huile de thon, les olives, le piment, les tomates et le pesto, le cas échéant. Répartir uniformément dans un plat allant au four de 20 cm de diamètre. Saupoudrer du reste des fromages. Chauffer à découvert pendant 3 à 4 minutes maximum. Si tu veux

Crème de spaghetti aux oignons nouveaux

Serviteur 4

150 ml/¼ pt/2/3 tasse de crème double (épaisse).
1 jaune d'oeuf
150 g de parmesan râpé
8 oignons nouveaux (oignons verts), finement hachés
Sel et poivre noir fraîchement moulu
350 g de spaghettis ou autres grosses pâtes

Fouetter ensemble la crème, le jaune d'œuf, 45 ml/3 cuillères à soupe de parmesan et l'oignon nouveau. Bien assaisonner au goût. Faites cuire les spaghettis comme indiqué. Égoutter et déposer sur une assiette de service. Ajoutez le mélange de crème et mélangez le tout avec deux fourchettes ou cuillères en bois. Couvrir de papier absorbant et chauffer à feu vif pendant 1 minute et demie. Offrez le reste du parmesan séparément.

Spaghetti bolognaise

Pour 4 à 6 personnes

450 g/1 lb/4 tasses de bœuf haché maigre
1 gousse d'ail, écrasée

1 gros oignon, râpé

1 poivron vert épépiné et finement haché

5 ml/1 cuillère à café d'assaisonnement italien ou de mélange d'herbes séchées

400 g/14 oz/1 grosse boîte de tomates hachées

45 ml/3 cuillères à soupe de purée de tomates (pâtes)

1 cube de bouillon de boeuf

75 ml/5 cuillères à soupe de vin rouge ou d'eau

15 ml/1 cuillère à soupe de cassonade foncée et molle

5 ml/1 cuillère à café de sel

Poivre noir fraîchement moulu

350 g de spaghettis ou autres pâtes fraîchement cuits et égouttés

Fromage Parmesan râpé

Mélanger le bœuf avec l'ail dans un plat de 1,75 litre/3 pt/7½ tasse. Cuire à découvert pendant 5 minutes. Mélangez tous les ingrédients restants sauf le sel, le poivre et les spaghettis. Couvrir d'une assiette et cuire à feu vif pendant 15 minutes en remuant quatre fois avec une fourchette pour briser la viande. Laisser agir 4 minutes. Assaisonner de sel et de poivre et servir avec des spaghettis. Offrez le parmesan à part.

Spaghetti au ragoût de dinde à la bolognaise

Serviteur 4

Préparez comme pour les spaghettis à la bolognaise, mais remplacez le bœuf par de la dinde hachée (hachée).

Spaghettis à la sauce tomate

Serviteur 4

Une sauce traditionnelle et économique, utilisée pour la première fois en Angleterre dans les restaurants de Soho peu après la Seconde Guerre mondiale.

20 ml/4 cuillères à café d'huile d'olive

1 gros oignon, finement haché

1 gousse d'ail, écrasée

1 petite carotte, râpée

250 g/8 oz/2 tasses de bœuf haché maigre

10 ml/2 cuillères à café de farine nature (tout usage).

15 ml/1 cuillère à soupe de purée de tomates (pâte)

300 m/½ pt/1¼ tasse de bouillon de bœuf

45 ml/3 cuillères à soupe de vin blanc sec

1,5 ml/¼ cuillère à café de basilic séché

1 petite feuille de laurier

175 g de champignons hachés grossièrement

Sel et poivre noir fraîchement moulu

350 g de spaghettis ou autres pâtes fraîchement cuits et égouttés

Fromage Parmesan râpé

Placer l'huile, l'oignon, l'ail et la carotte dans un plat de 1,75 litre/3 pt/7½ tasse. Chauffer à découvert pendant 6 minutes maximum. Ajouter tous les autres ingrédients sauf le sel, le poivre et les spaghettis. Couvrir d'une assiette et cuire à feu vif pendant 11 minutes en remuant trois fois. Laisser agir 4 minutes. Assaisonner de sel et de poivre, retirer la feuille de laurier et servir avec des spaghettis. Offrez le parmesan à part.

Spaghettis au beurre

Serviteur 4

350 g de pâtes
60 ml/4 cuillères à soupe de beurre ou d'huile d'olive
Fromage Parmesan râpé

Cuire les pâtes comme indiqué. Égoutter et déposer sur une grande assiette avec du beurre ou de l'huile d'olive. Mélanger avec deux cuillères jusqu'à ce que les pâtes soient bien enrobées. Versez-les sur quatre assiettes chauffantes et déposez sur chacune un peu de parmesan râpé.

Pâtes à l'ail

Serviteur 4

350 g de pâtes

2 gousses d'ail, écrasées

50 g de beurre

10 ml/2 cuillères à café d'huile d'olive

30 ml/2 cuillères à soupe de persil haché

Fromage Parmesan râpé

Feuilles de roquette ou de radicchio, hachées

Cuire les pâtes comme indiqué. Faites chauffer l'ail, le beurre et l'huile à feu vif pendant 1 1/2 minute. Mélangez le persil, égouttez les pâtes et disposez-les dans une assiette. Ajoutez le mélange d'ail et mélangez le tout avec deux cuillères en bois. Servir immédiatement, saupoudrer de parmesan et garnir de feuilles de roquette ou de radicchio râpées.

Spaghetti bolognaise au bœuf et légumes variés

Serviteur 4

30 ml/2 cuillères à soupe d'huile d'olive

1 gros oignon, finement haché

2 gousses d'ail, écrasées

4 coupes (tranches) de bacon entrelacé, haché

1 branche de céleri, hachée

1 carotte, râpée

125 g de champignons de Paris émincés

225 g/8 oz/2 tasses de bœuf haché maigre

30 ml/2 cuillères à soupe de farine nature (tout usage).

1 verre de vin rouge sec

150 ml/¼ pt/2/3 tasse de purée (tomates tamisées)

60 ml/4 cuillères à soupe de bouillon de bœuf

2 grosses tomates blanchies, pelées et hachées

15 ml/1 cuillère à soupe de cassonade foncée et molle

1,5 ml/¼ cuillère à café de muscade râpée

15 ml/1 cuillère à soupe de feuilles de basilic hachées

Sel et poivre noir fraîchement moulu

350 g de spaghettis fraîchement cuits et égouttés

Fromage Parmesan râpé

Placer l'huile, l'oignon, l'ail, le bacon, le céleri et la carotte dans un plat de 2 pintes/3½ pt/8½ tasses. Ajouter les champignons et la viande. Cuire à découvert pendant 6 minutes en remuant deux fois avec une fourchette pour briser la viande. Mélangez tous les ingrédients restants sauf le sel, le poivre et les spaghettis. Couvrir d'une assiette et cuire à feu vif pendant 13 à 15 minutes en remuant trois fois. Laisser agir 4 minutes. Assaisonner de sel et de poivre et servir avec les pâtes. Offrez le parmesan à part.

Spaghetti à la sauce à la viande et à la crème

Serviteur 4

Préparez comme pour les spaghettis avec de la sauce bolognaise au bœuf et un mélange de légumes, mais ajoutez 30-45 ml/2-3 cuillères à soupe de crème double (épaisse) à la fin.

Spaghetti à la sauce à la viande Marsala

Serviteur 4

Préparez comme pour les Spaghetti au Ragù de Bœuf et Mélange de Légumes à la bolognaise, mais remplacez le vin par du Marsala et ajoutez 45 ml/3 cuillères à soupe de Marscapone à la fin.

Pâtes marinara

Serviteur 4

Cela signifie « marinara » et vient de Naples.
30 ml/2 cuillères à soupe d'huile d'olive
3-4 gousses d'ail, écrasées
8 grosses tomates blanchies, pelées et hachées
5 ml/1 cuillère à café de menthe finement hachée
15 ml/1 cuillère à soupe de feuilles de basilic finement hachées
Sel et poivre noir fraîchement moulu
350 g de pâtes fraîches cuites et égouttées
Pecorino ou parmesan râpé pour servir

Placer tous les ingrédients sauf les pâtes dans un plat de 1,25 litre/2¼ pt/5½ tasse. Couvrir d'une assiette et cuire à feu vif pendant 6 à 7 minutes en remuant trois fois. Servir avec les pâtes et proposer le pecorino ou le parmesan à part.

Pâtes matriciennes

Serviteur 4

Une sauce pour pâtes rustique du centre des Abruzzes.

30 ml/2 cuillères à soupe d'huile d'olive
1 oignon, haché
5 tranches de bacon non fumé, hachées grossièrement
8 tomates blanchies, pelées et hachées
2-3 gousses d'ail, écrasées
350 g de pâtes fraîches cuites et égouttées
Pecorino ou parmesan râpé pour servir

Placer tous les ingrédients sauf les pâtes dans un plat de 1,25 litre/2¼ pt/5½ tasse. Couvrir d'une assiette et cuire à feu vif pendant 6 minutes en remuant deux fois. Servir avec les pâtes et proposer le pecorino ou le parmesan à part.

Pâtes au thon et câpres

Serviteur 4

15 ml/1 cuillère à soupe de beurre
200g/7oz/1 petite boîte de thon à l'huile
60 ml/4 cuillères à soupe de bouillon de légumes ou de vin blanc
15 ml/1 cuillère à soupe de câpres, hachées
30 ml/2 cuillères à soupe de persil haché
350 g de pâtes fraîches cuites et égouttées
Fromage Parmesan râpé

Placer le beurre dans un plat de 600 ml/1 pt/2½ tasse et faire fondre à découvert en décongelant pendant 1½ minute. Ajoutez le contenu de la boîte de thon et hachez le poisson. Ajoutez le bouillon ou le vin, les câpres et le persil, couvrez d'une assiette et faites chauffer à feu vif pendant 3-4 minutes. Servir avec les pâtes et proposer le parmesan à côté.

Pâtes napolitaines

Serviteur 4

Cette sauce tomate napolitaine flamboyante, au goût chaleureux et coloré, se prépare de préférence en été, lorsque les tomates sont plus abondantes.

8 grosses tomates mûres, blanchies, pelées et hachées grossièrement
30 ml/2 cuillères à soupe d'huile d'olive
1 oignon, haché
2-4 gousses d'ail, écrasées
1 feuille de céleri, hachée finement
15 ml/1 cuillère à soupe de feuilles de basilic hachées
10 ml/2 cuillères à café de cassonade légère et molle
60 ml/4 cuillères à soupe d'eau ou de vin rouge
Sel et poivre noir fraîchement moulu
30 ml/2 cuillères à soupe de persil haché
350 g de pâtes fraîches cuites et égouttées
Fromage Parmesan râpé

Mettez les tomates, l'huile, l'oignon, l'ail, le céleri, le basilic, le sucre et l'eau ou le vin dans un plat de 1,25 litre. Bien mélanger. Couvrir d'une assiette et cuire à feu vif pendant 7 minutes en remuant deux fois. Assaisonner selon votre goût, puis incorporer le persil, servir immédiatement avec les pâtes et proposer le parmesan à côté.

pâte à pizza

Serviteur 4

Préparez comme pour les pâtes napolitaines, mais augmentez le nombre de tomates à 10, omettez l'oignon, le céleri et l'eau et utilisez le double de persil. Ajoutez 15 ml/1 cuillère à soupe d'origan frais ou 2,5 ml/½ cuillère à café d'origan séché avec le persil.

Pâtes aux petits pois

Serviteur 4

Préparez comme pour les pâtes napolitaines, mais ajoutez aux tomates avec les autres ingrédients 125 g de jambon haché grossièrement et 175 g de petits pois frais. Cuire 9 à 10 minutes.

Pâtes à la sauce au foie de poulet

Serviteur 4

225 g de foies de volaille
30 ml/2 cuillères à soupe de farine nature (tout usage).
15 ml/1 cuillère à soupe de beurre
15 ml/1 cuillère à soupe d'huile d'olive
1-2 gousses d'ail, écrasées
125 g de champignons tranchés
150 ml/¼ pt/2/3 tasse d'eau chaude
150 ml/¼ pt/2/3 tasse de vin rouge sec
Sel et poivre noir fraîchement moulu

350 g de pâtes fraîchement cuites et égouttées

Pâtes aux anchois

Serviteur 4

30 ml/2 cuillères à soupe d'huile d'olive
15 ml/1 cuillère à soupe de beurre
2 gousses d'ail, écrasées
50g/2oz/1 petite boîte de filets d'anchois à l'huile
45 ml/3 cuillères à soupe de persil haché
2,5 ml/½ cuillère à café de basilic séché
Poivre noir fraichement moulu
350 g de pâtes fraîches cuites et égouttées

Placer l'huile, le beurre et l'ail dans un plat de 600 ml/1 pt/2½ tasse. Hachez les anchois et ajoutez l'huile de la boîte. Mélanger le persil, le basilic et le poivre au goût. Couvrir d'une assiette et cuire à feu vif pendant 3 à 3½ minutes. Servir aussitôt avec des pâtes.

Raviolis à la sauce

Serviteur 4

350 g/12 oz/3 tasses de raviolis

Cuire comme pour de grosses pâtes, puis servir avec l'une des sauces pour pâtes à base de tomates ci-dessus.

tortellinis

Serviteur 4

Prévoyez env. 250 g de tortellini achetés et cuire comme pour de grosses pâtes fraîches ou séchées. Bien égoutter, ajouter 25 g/1 oz/2 cuillères à soupe de beurre non salé (doux) et bien mélanger. Servir chaque portion saupoudrée de parmesan râpé.

lasagne

Pour 4 à 6 personnes

45 ml/3 cuillères à soupe d'eau chaude
Spaghetti bolognaise
9-10 plats qui n'ont pas besoin d'être précuits Lasagnes naturelles, vertes (vertes) ou brunes (complètes)
Sauce au fromage
25 g de parmesan râpé
30 ml/2 cuillères à soupe de beurre
Noix de muscade râpée

Huiler ou beurrer un plat allant au four carré de 20 cm/8. Ajoutez l'eau chaude à la sauce bolognaise. Déposez une couche de feuilles de lasagne au fond de l'assiette, puis une couche de sauce bolognaise, puis une couche de sauce au fromage. Continuez avec les couches en terminant par la sauce au fromage. Saupoudrer de parmesan, parsemer de beurre et saupoudrer de muscade. Cuire à découvert pendant 15 minutes en retournant le plat deux fois. Laissez reposer 5 minutes, puis poursuivez la cuisson encore 15 minutes, ou jusqu'à ce que la lasagne soit tendre lorsque vous insérez un couteau au centre. (Le temps de cuisson variera en fonction de la température initiale des deux sauces.)

Pizzas napolitaines

Faites-en 4

Le micro-ondes fait un excellent travail sur des pizzas qui rappellent celles que l'on trouve dans toute l'Italie et particulièrement à Naples.

30 ml/2 cuillères à soupe d'huile d'olive
2 oignons pelés et finement hachés
1 gousse d'ail, écrasée
150 g/5 onces/2/3 tasse de purée de tomates (pâte)
Pâte de base pour pain blanc ou complet
350 g/12 oz/3 tasses Mozzarella râpée
10 ml/2 cuillères à café d'origan séché
50g/2oz/1 petite boîte de filets d'anchois à l'huile

Cuire l'huile, l'oignon et l'ail, à découvert, à feu vif pendant 5 minutes, en remuant deux fois. Ajouter le concentré de tomates et réserver. Divisez la pâte également en quatre morceaux. Rouler chacun en un rond assez grand pour recouvrir une assiette plate de 20 cm huilée et farinée. Couvrir de papier absorbant et laisser reposer 30 minutes. Tartiner chacun du mélange de tomates. Mélangez le fromage avec l'origan et saupoudrez uniformément sur chaque pizza. Garnir d'anchois. Cuire individuellement, recouvert d'un essuie-tout, plein pendant 5 minutes en retournant deux fois. Mangez immédiatement.

Pizza Margarita

Faites-en 4

Préparez comme pour la pizza napolitaine, mais remplacez le basilic séché par de l'origan et omettez les anchois.

Pizza aux fruits de mer

Faites-en 4

Préparez comme pour la pizza napolitaine. Une fois cuit, assaisonnez avec des gambas (crevettes), des moules, des palourdes etc.

Pizzas siciliennes

Faites-en 4

Préparez comme pour la pizza napolitaine. Une fois cuit, insérez 18 petites olives noires entre les anchois.

Pizza aux champignons

Faites-en 4

Préparez comme pour la pizza napolitaine, mais saupoudrez 100 g de champignons émincés sur le mélange de tomates avant d'ajouter le fromage et les herbes. Cuire encore 30 secondes.

Pizza au jambon et à l'ananas

Faites-en 4

Préparez comme pour la pizza napolitaine, mais saupoudrez 125 g de jambon haché sur le mélange de tomates avant d'ajouter le fromage et les herbes. Hachez 2 boîtes de rondelles d'ananas et étalez-les sur le dessus de la pizza. Cuire encore 45 secondes.

Pizzas au pepperoni

Faites-en 4

Préparez comme pour la pizza napolitaine, mais garnissez chaque pizza de 6 fines tranches de salami épicé.

Amandes effilées au beurre

Un merveilleux condiment pour les plats sucrés et salés.

15 ml/1 cuillère à soupe de beurre non salé (doux).
50 g d'amandes effilées
Sel nature ou aromatisé ou sucre cristallisé (superfin).

Placer le beurre dans un plat peu profond de 20 cm de diamètre. Faire fondre à découvert pendant 45 à 60 secondes. Ajouter les amandes et cuire à découvert pendant 5 à 6 minutes jusqu'à ce qu'elles soient dorées, en remuant et en retournant toutes les minutes. Saupoudrer de sel pour garnir les plats salés, de sucre semoule pour les desserts.

Amandes effilées au beurre à l'ail

Préparez comme pour les amandes effilées beurrées, mais utilisez du beurre à l'ail du commerce. Cela constitue un assaisonnement intelligent pour des plats comme la purée de pommes de terre et peut même être ajouté aux soupes crémeuses.

Châtaignes séchées

Le micro-ondes permet de cuire des châtaignes séchées et de les utiliser en moins de 2 heures sans trempage pendant une nuit suivi d'une ébullition prolongée. De plus, le dur travail du peeling a déjà été fait pour vous.

Lavez 250 g de châtaignes séchées. Verser dans un plat de 1,75 litre/3 pt/7½ tasse. Ajouter 600 ml/1 pt/2½ tasses d'eau bouillante, couvrir d'une assiette et cuire à feu vif pendant 15 minutes en retournant l'assiette trois fois. Placer au micro-ondes pendant 15 minutes. Répéter avec les mêmes temps de cuisson et de repos. Découvrez, ajoutez encore 150 ml d'eau bouillante et remuez. Couvrir comme avant et cuire à feu vif pendant 10 minutes en remuant deux fois. Laisser agir 15 minutes avant utilisation.

Herbes séchées

Si vous cultivez vos propres herbes mais que vous avez du mal à les sécher par temps humide et imprévisible, le micro-ondes fera le travail à votre place de manière efficace, efficiente et propre en un clin d'œil, afin que votre récolte annuelle puisse être appréciée tout au long des mois d'hiver. . Chaque variété d'herbes doit être séchée seule pour conserver sa saveur intacte. Si vous le souhaitez plus tard, vous pouvez créer vos propres mélanges en mélangeant différentes herbes séchées.

Commencez par couper les herbes de leurs buissons avec des cisailles ou des ciseaux. Retirez les feuilles (les aiguilles dans le cas du romarin) des tiges et placez-les dans un pichet doseur de 300 ml/½ pt/1¼ tasse, en le remplissant presque jusqu'au sommet. Versez-les dans une passoire (tamis) et rincez-les rapidement et abondamment sous l'eau froide courante. Bien égoutter, puis sécher entre les plis sur un torchon propre et sec (torchon). Placez dessus une double épaisseur de papier essuie-tout posé directement sur le plateau tournant du micro-ondes. Faites chauffer à fond pendant 5 à 6 minutes, à découvert, en déplaçant doucement les herbes sur le papier deux ou trois fois. Dès qu'elles ressemblent à des feuilles d'automne bruissantes et qu'elles ont perdu leur couleur vert vif, vous pouvez supposer que les herbes sont sèches. Sinon, continuez à chauffer pendant 1 à 1½ minutes. Retirer du four et laisser refroidir. Écrasez les herbes séchées en les frottant entre vos mains. Transférer dans des bocaux hermétiques avec bouchon et étiquette. Conserver à l'abri de la lumière forte.

Chapelure croustillante

La chapelure légère de haute qualité - contrairement aux sachets jaune souci - cuit parfaitement au micro-ondes et devient croustillante et croustillante sans brunir. Le pain peut être frais ou vieux, mais il met un peu plus de temps à sécher frais. Émietter 3½ grosses tranches de pain blanc ou brun croustillant en miettes fines. Étalez la chapelure sur une assiette peu profonde de 25 cm/10 cm de diamètre. Cuire à découvert à feu vif pendant 5 à 6 minutes en remuant quatre fois jusqu'à ce que vous sentiez la chapelure sèche et croustillante avec vos doigts. Laisser refroidir en remuant de temps en temps, puis conserver dans un récipient hermétique. Ils se conservent quasiment indéfiniment au frais.

Burger aux noix

Faites-en 12

Ceux-ci ne sont pas du tout nouveaux, surtout pour les végétariens et les végétaliens, mais la combinaison de noix donne à ces burgers un goût unique et la texture croquante est tout aussi appétissante. Ils peuvent être servis chauds avec de la salsa, froids avec de la salade et de la mayonnaise, coupés en deux horizontalement et utilisés comme garniture pour un sandwich, ou consommés tels quels pour une collation.

30 ml/2 cuillères à soupe de beurre ou de margarine
125 g/4 oz/1 tasse d'amandes entières décortiquées
125 g/4 oz/1 tasse de morceaux de noix de pécan
125 g/4 oz/1 tasse de noix de cajou, grillées
125 g/4 oz/2 tasses de chapelure complète fraîche et moelleuse
1 oignon moyen, râpé
2,5 ml/½ cuillère à café de sel
5 ml/1 cuillère à café de moutarde préparée
30 ml/2 cuillères à soupe de lait froid

Faire fondre le beurre ou la margarine sans couvercle pendant 1 à 1½ minutes. Broyez les noix assez finement dans un mixeur ou un robot culinaire. Verser et mélanger avec les autres ingrédients dont le beurre ou la margarine. Divisez en 12 morceaux égaux et façonnez des ovales. Disposer sur le pourtour d'un grand plat allant au four graissé. Cuire à découvert pendant 4 minutes en retournant une fois. Laisser agir 2 minutes.

Tarte aux noix

Pour 6 à 8 personnes

Préparez comme pour les burgers aux noix, mais remplacez 350 g/12 oz/3 tasses de mélanges de noix moulues de votre choix par des amandes, des noix de pécan et des noix de cajou. Façonner un rond de 20 cm/8 cm et déposer sur une assiette graissée. Cuire à découvert pendant 3 minutes. Laissez reposer 5 minutes, puis laissez cuire à feu vif pendant encore 2 minutes et demie. Laisser agir 2 minutes. Servir chaud ou froid, coupé en cubes.

Sarrasin

Serviteur 4

Également connu sous le nom de sarrasin et originaire de Russie, le sarrasin n'est apparenté à aucune autre céréale. C'est le petit fruit d'une plante à fleurs roses au parfum doux qui fait partie de la famille des portos. Base des blinis (ou crêpes russes), le blé est un aliment copieux et terreux et constitue un substitut sain aux pommes de terre avec la viande et la volaille.

175 g/6 onces/1 tasse de sarrasin
1 œuf battu
5 ml/1 cuillère à café de sel
750 ml/1¼ points/3 tasses d'eau bouillante

Mélangez le sarrasin et les œufs dans un plat de 2 pintes/3½ pt/8½ tasses. Rôtir à découvert à feu vif pendant 4 minutes, en remuant et en brisant avec une fourchette toutes les minutes. Ajoutez du sel et de l'eau. Placer sur une assiette au micro-ondes en cas de déversement et cuire à découvert pendant 22 minutes en remuant quatre fois. Couvrir d'une assiette et laisser reposer 4 minutes. Fourchette avant de servir.

bulgare

Pour 6 à 8 personnes

Également appelée burghal, burghul ou blé concassé, cette céréale est l'un des aliments de base du Moyen-Orient. Il est désormais largement disponible dans les supermarchés et les magasins de produits naturels.

225 g/8 onces/1¼ tasse de bulgare
600 ml/1 pt/2½ tasses d'eau bouillante
5 à 7,5 ml/1 à 1½ cuillères à café de sel

Placer le bulgare dans un plat de 1,75 litre/3 pt/7½ tasse. Faire griller à découvert pendant 3 minutes, en remuant toutes les minutes. Mélanger avec de l'eau bouillante et du sel, couvrir d'une assiette et laisser reposer 6 à 15 minutes, selon la variété de bulgare utilisée, jusqu'à ce que les gruaux soient al dente, comme des pâtes. Préparez-vous avec une fourchette et mangez chaud ou froid.

Bulgare à l'oignon frit

Serviteur 4

1 oignon, râpé
15 ml/1 cuillère à soupe d'olive ou de tournesol
1 quantité de bulgare

Mettez l'oignon et l'huile dans une soucoupe. Cuire à découvert pendant 4 minutes en remuant trois fois. Ajoutez le bulgare cuit en même temps que l'eau et le sel.

taboule

Serviteur 4

Coloré en vert foncé par le persil, ce plat évoque le Liban et est l'une des salades les plus appétissantes imaginables, un compagnon idéal à de nombreux plats, des côtes végétariennes aux noix à l'agneau rôti. Il constitue également un apéritif attrayant, disposé sur une salade dans des assiettes individuelles.

1 quantité de bulgare
120-150 ml/4-5 fl oz/½-2/3 tasse de persil finement haché
30 ml/2 cuillères à soupe de feuilles de menthe hachées
1 oignon moyen, finement râpé
15 ml/1 cuillère à soupe d'huile d'olive
Sel et poivre noir fraîchement moulu
Feuilles de laitue
Tomates en dés, concombres et olives noires en dés pour la garniture

Faites cuire le bulgare comme indiqué. Transférez la moitié de la quantité dans un bol et mélangez le persil, la menthe, l'oignon, l'huile et beaucoup de sel et de poivre selon votre goût. Une fois refroidis, disposez-les sur des feuilles de salade et décorez joliment avec la garniture. Utilisez le bulgare restant à votre guise.

Salade du Sultan

Serviteur 4

Un favori personnel, garni de morceaux de fromage feta et servi avec du pain pita en fait un repas complet.

1 quantité de bulgare
1-2 gousses d'ail, écrasées
1 carotte, râpée
15 ml/1 cuillère à soupe de feuilles de menthe hachées
60 ml/4 cuillères à soupe de persil haché
Jus d'1 gros citron filtré
45 ml/3 cuillères à soupe d'huile d'olive ou de tournesol ou un mélange des deux
Salade verte
Amandes grillées et olives vertes, pour la décoration

Cuire le boulgar comme indiqué, puis ajouter l'ail, la carotte, la menthe, le persil, le jus de citron et l'huile. Disposer sur une assiette tapissée de laitue et garnir d'amandes grillées et d'olives vertes.

couscous

Serviteur 4

Le couscous est à la fois une céréale et le nom d'un ragoût de viande ou de légumes nord-africain. Fabriquée à partir de semoule de blé dur (crème de blé), elle ressemble à de minuscules perles parfaitement arrondies. Autrefois fabriqué à la main par des cuisiniers amateurs dévoués et talentueux, il est désormais présenté en emballage et peut être préparé en un éclair, grâce à une technique française qui élimine la tâche fastidieuse et lente de la cuisson à la vapeur. Vous pouvez remplacer le couscous par n'importe quel plat à base de bulgare (pages 209-10).

250 g/9 oz/1½ tasse de couscous du commerce
300 ml/½ pt/1¼ tasse d'eau bouillante
5 à 10 ml/1 à 2 cuillères à café de sel

Placer le couscous dans un plat de 1,75 litre/3 pt/7½ tasse et rôtir, à découvert, à feu vif pendant 3 minutes, en remuant toutes les minutes. Ajouter l'eau et le sel et mélanger. Couvrir d'une assiette et cuire à feu vif pendant 1 minute. Laisser au micro-ondes pendant 5 minutes. Écraser à la fourchette avant de servir.

Grain

Serviteur 4

Le gruau (hominy grits) est une céréale nord-américaine presque blanche à base de maïs (maïs). Il se déguste avec du lait chaud et du sucre ou avec du beurre et du sel et du poivre. Il est disponible dans les magasins spécialisés comme Harrods à Londres.

150g/5oz/1 tasse de petits grains
150 ml/¼ pt/2/3 tasse d'eau froide
600 ml/1 pt/2½ tasses d'eau bouillante
5 ml/1 cuillère à café de sel

Placer le gruau dans un bol de 2,5 litres/4½ pt/11 tasses. Bien mélanger avec l'eau froide, puis ajouter l'eau bouillante et le sel. Cuire à découvert à feu vif pendant 8 minutes en remuant quatre fois. Couvrir d'une assiette et laisser reposer 3 minutes avant de servir.

Gnocchis à la romaine

Serviteur 4

Les gnocchis se retrouvent souvent dans les restaurants italiens, où ils sont très appréciés. Préparez un déjeuner ou un dîner copieux et sain avec de la salade et utilisez des ingrédients peu coûteux.

600 ml/1 pt/2½ tasses de lait froid
150 g/5 oz/¾ tasse de semoule (crème de blé)
5 ml/1 cuillère à café de sel
50g/2oz/¼ tasse de beurre ou de margarine
75 g de parmesan râpé
2,5 ml/½ cuillère à café de moutarde continentale
1,5 ml/¼ cuillère à café de muscade râpée
1 gros oeuf, battu
Salade composée
Ketchup aux tomates (Katsup)

Mélangez la moitié du lait froid avec la semoule dans un plat de 1,5 litre/2½ pt/6 tasse. Chauffer le reste du lait, à découvert, à feu vif pendant 3 minutes. Mélangez la semoule avec le sel. Cuire à découvert à feu vif pendant 7 minutes jusqu'à ce que le mélange soit très épais, en remuant quatre ou cinq fois pour garder le mélange lisse. Retirer du micro-ondes et ajouter la moitié du beurre, la moitié du fromage et toute la moutarde, la muscade et l'œuf et cuire à découvert pendant 1 minute. Couvrir d'une assiette et laisser reposer 1 minute. Étaler dans un moule carré peu profond de 23 cm, huilé ou graissé. Couvrir légèrement de papier absorbant et réfrigérer jusqu'à ce qu'il soit ferme et ferme. Couper en carrés de 2,5 cm/1 pouce. Disposer dans un moule rond graissé de 23 cm/9 en cercles superposés. Saupoudrer du reste du fromage,

Gnocchis au jambon

Serviteur 4

Préparez comme pour les Gnocchi alla Romana, mais ajoutez 75 g/3 oz/¾ tasse de jambon de Parme haché avec le lait chaud.

Mile

Pour 4 à 6 personnes

Une céréale agréable et délicate, apparentée au sorgho, qui constitue un substitut inhabituel au riz. Associé à des légumineuses (pois, haricots et lentilles) il constitue un repas équilibré et riche en protéines.

175 g/6 oz/1 tasse de millet
750 ml/1¼ points/3 tasses d'eau bouillante ou de bouillon
5 ml/1 cuillère à café de sel

Placer le mil dans un plat de 2 litres/3½ pt/8½ tasse. Rôtir, à découvert, à feu vif pendant 4 minutes, en remuant deux fois. Mélanger l'eau et le sel. Placer sur une assiette en cas de déversement. Cuire à feu vif pendant 20-25 minutes jusqu'à ce que toute l'eau soit absorbée. Écrasez à la fourchette et dégustez aussitôt.

Polenta

Pour 6 personnes

Céréale à base de maïs jaune pâle, semblable à la semoule (crème de blé), mais plus grossière. C'est un aliment de base à base de féculents en Italie et en Roumanie, où il est très respecté et souvent consommé en accompagnement de plats de viande, de volaille, d'œufs et de légumes. Ces dernières années, il est devenu une spécialité tendance des restaurants, souvent coupé en carrés et servi grillé (frit) ou frit (soffita) avec des sauces similaires à celles utilisées pour les spaghettis.

150 g / 5 oz / ¾ tasse de polenta
5 ml/1 cuillère à café de sel
125 ml/¼ pt/2/3 tasse d'eau froide
600 ml/1 pt/2½ tasses d'eau bouillante ou de bouillon

Placer la polenta et le sel dans un plat allant au four de 2 litres/3½ pt/8½ tasse. Bien mélanger avec de l'eau froide. Incorporer progressivement l'eau bouillante ou le bouillon et déposer sur une assiette en cas de déversement. Cuire à découvert pendant 7 à 8 minutes jusqu'à ce qu'il soit très épais, en remuant quatre fois. Couvrir d'une assiette et laisser reposer 3 minutes avant de servir.

Polenta grillée

Pour 6 personnes

Préparez comme pour la polenta. Une fois cuit, étalez-le dans un moule carré de 23 cm graissé ou huilé. Lisser le dessus avec un couteau trempé et retiré de l'eau chaude. Couvrir hermétiquement de papier absorbant et laisser refroidir complètement. Couper en carrés, badigeonner d'huile d'olive ou de maïs et griller ou frire conventionnellement jusqu'à ce qu'ils soient dorés.

Polenta au pesto

Pour 6 personnes

Préparez comme pour la polenta, mais ajoutez 20 ml/4 cuillères à café de pesto rouge ou vert à l'eau bouillante.

Polenta aux tomates séchées ou pâte d'olive

Pour 6 personnes

Préparez comme pour la polenta, mais ajoutez 45 ml/3 cuillères à soupe de pâte de tomates séchées ou d'olives à l'eau bouillante.

quinoa

Pour 2-3 personnes

Une céréale riche en protéines du Pérou, relativement nouvelle sur le marché, avec une étrange texture croquante et une saveur légèrement fumée. Il convient à tous les aliments et constitue un nouveau substitut au riz.

125 g/4 onces/2/3 tasses de quinoa
2,5 ml/½ cuillère à café de sel
550 ml/18 fl oz/2 1/3 tasses d'eau bouillante

Placer le quinoa dans un bol de 1,75 litre/3 pt/7½ tasse. Rôtir, à découvert, à feu vif pendant 3 minutes, en remuant une fois. Ajouter le sel et l'eau et bien mélanger. Cuire à feu vif pendant 15 minutes en remuant quatre fois. Couvrir et laisser reposer 2 minutes.

polenta roumaine

Serviteur 4

Le plat national célèbre et riche de la Roumanie : la mamaliga.

1 quantité de polenta
75 g/3 onces/1/3 tasse de beurre
4 gros œufs fraîchement pochés
100 g/4 oz/1 tasse de fromage feta, émietté
150 ml/¼ pt/2/3 tasse de crème sure (acide lactique).

Préparez la polenta et déposez-la dans l'assiette dans laquelle elle a été cuite. Incorporer la moitié du beurre, verser des quantités égales sur quatre assiettes chauffées et faire une empreinte dans chacune. Remplissez d'œufs, saupoudrez de fromage et recouvrez du reste de beurre et de crème. Mangez immédiatement.

riz au curry

Serviteur 4

Convient en accompagnement de la plupart des plats orientaux et asiatiques, notamment indiens.

30 ml/2 cuillères à soupe d'huile d'arachide.
2 oignons, finement hachés
225 g/8 oz/1 tasse de riz basmati
2 petites feuilles de laurier
2 clous de girofle entiers
Graines de 4 gousses de cardamome
30 à 45 ml/2 à 3 cuillères à soupe de poudre de curry doux
5 ml/1 cuillère à café de sel
600 ml/1 pt/2½ tasses d'eau bouillante ou de bouillon de légumes

Placer l'huile dans un plat de 2,25 litres/4 pt/10 tasses. Chauffer à découvert pendant 1 minute maximum. Incorporer les oignons et cuire à découvert à feu vif pendant 5 minutes. Mélanger tous les ingrédients restants, couvrir d'un film alimentaire (film alimentaire) et couper en deux pour permettre à la vapeur de s'échapper. Cuire à feu vif pendant

15 minutes en retournant le plat quatre fois. Laisser agir 2 minutes. Étalez légèrement et servez.

Casserole de ricotta et riz

Pour 3-4 personnes

Un excellent mélange de saveurs et de textures ramené d'Amérique du Nord il y a quelques années.

225 g/8 onces/1 tasse de riz brun
50 g/2 onces/¼ tasse de riz sauvage
1,25 litres/2¼ pts/5½ tasses d'eau bouillante
10 ml/2 cuillères à café de sel
4 oignons nouveaux (oignons verts), hachés grossièrement
1 petit piment vert épépiné et haché
4 tomates blanchies, pelées et tranchées
125 g de champignons tranchés
225 g/8 oz/1 tasse de fromage cottage
75 g de fromage cheddar râpé

Placer le riz brun et le riz sauvage dans un plat de 2,25 litres/4 pt/10 tasses. Mélanger avec de l'eau et du sel. Couvrir d'un film alimentaire (film alimentaire) et couper en deux pour laisser s'échapper la vapeur.

Cuire à feu vif pendant 40 à 45 minutes jusqu'à ce que le riz soit dodu et tendre. Égoutter si nécessaire. et mettre de côté. Remplissez une casserole de 1,75 pinte/3 pt/7½ tasse (faitout) avec des couches alternées de riz, d'oignon, de piment, de tomates, de champignons et de ricotta. Saupoudrer généreusement de cheddar râpé. Cuire à découvert pendant 7 minutes en retournant le plat deux fois.

Risotto italien

Pour 2-3 personnes

2,5 à 5 ml/½ à 1 cuillère à café de safran en poudre ou 5 ml/1 cuillère à café de safran haché
50g/2oz/¼ tasse de beurre
5 ml/1 cuillère à café d'huile d'olive
1 gros oignon, pelé et râpé
225 g/8 oz/1 tasse de riz à risotto insuffisamment cuit
600 ml/1 pt/2½ tasses d'eau bouillante ou de bouillon de poulet
150 ml/¼ pt/2/3 tasse de vin blanc sec
5 ml/1 cuillère à café de sel
50 g de parmesan râpé

Si vous utilisez du safran, émiettez-le entre vos doigts dans un coquetier rempli d'eau tiède et laissez-le reposer 10 à 15 minutes. Placer la moitié du beurre et de l'huile dans un plat de 1,75 litre/3 pt/7½ tasse. Réchauffer à découvert et décongeler pendant 1 minute. Incorporer l'oignon et cuire à découvert pendant 5 minutes. Mélangez le riz, l'eau ou le bouillon et le vin et le fil de safran avec l'eau ou la poudre de safran. Couvrir d'un film alimentaire (film alimentaire) et couper en deux pour permettre à la vapeur de s'échapper. Cuire à feu vif pendant 14 minutes en retournant le plat trois fois. Versez délicatement le reste du beurre, suivi du sel et de la moitié du parmesan. Cuire à découvert à feu vif pendant 4 à 8 minutes en remuant délicatement avec une fourchette toutes les 2 minutes, jusqu'à ce que le riz ait absorbé tout le liquide.

Risotto aux champignons

Pour 2-3 personnes

Cassez 20 g de champignons séchés, de préférence des cèpes, en petits morceaux, lavez-les soigneusement sous l'eau froide courante, puis plongez-les 10 minutes dans l'eau bouillante ou le bouillon de poulet utilisé dans la recette du risotto italien. Procédez comme pour le risotto italien.

Riz brésilien

Pour 3-4 personnes

15 ml/1 cuillère à soupe d'huile d'olive ou de maïs
30 ml/2 cuillères à soupe d'oignon séché
225 g/8 oz/1 tasse de riz à grains longs ou basmati
5 à 10 ml/1 à 2 cuillères à café de sel
600 ml/1 pt/2½ tasses d'eau bouillante
2 grosses tomates blanchies, pelées et hachées

Versez l'huile dans un plat de 2 litres/3½ pt/8½ tasse. Ajoutez l'oignon séché. Cuire à découvert pendant 1¼ minute. Mélanger tous les ingrédients restants, couvrir d'un film alimentaire (film alimentaire) et couper en deux pour permettre à la vapeur de s'échapper. Cuire à feu vif pendant 15 minutes en retournant le plat quatre fois. Laisser agir 2 minutes. Étalez légèrement et servez.

Riz à l'espagnole

Pour 6 personnes

Une spécialité nord-américaine qui n'a pas grand-chose à voir avec l'Espagne autre que l'ajout de poivrons et de tomates ! A manger avec des plats de volaille et d'œufs.

225 g/8 oz/1 tasse de riz à grains longs légèrement cuit
600 ml/1 pt/2½ tasses d'eau bouillante
10 ml/2 cuillères à café de sel
30 ml/2 cuillères à soupe d'huile de maïs ou de tournesol
2 oignons, finement hachés
1 poivron vert, épépiné et haché grossièrement
400 g/14 oz/1 grosse boîte de tomates hachées

Faites cuire le riz dans l'eau avec la moitié du sel comme indiqué. Rester au chaud. Versez l'huile dans un bol de 1,75 litre/3 pt/7½ tasse. Chauffer à découvert pendant 1 minute maximum. Incorporer l'oignon et le poivron et cuire à découvert pendant 5 minutes en remuant deux fois. Incorporer les tomates. Chauffer, à découvert, à puissance maximale pendant 3 1/2 minutes. Saupoudrer le riz chaud du reste de sel et servir aussitôt.

Pilaf turc ordinaire

Serviteur 4

225 g/8 oz/1 tasse de riz à risotto insuffisamment cuit
Eau bouillante ou bouillon de légumes
5 ml/1 cuillère à café de sel
40 g/1½ oz/3 cuillères à soupe de beurre

Faites cuire le riz dans de l'eau bouillante ou un bouillon additionné de sel comme indiqué. Ajouter le beurre dans une assiette ou un bol. Laisser agir 10 minutes. Découvrez et bifurquez. Couvrir d'une assiette et chauffer à feu vif pendant 3 minutes.

Pilaf turc riche

Serviteur 4

225 g/8 oz/1 tasse de riz à risotto insuffisamment cuit
Eau bouillante
5 ml/1 cuillère à café de sel
5 cm/2 pouces d'un morceau de bâton de cannelle
40 g/1½ oz/3 cuillères à soupe de beurre
15 ml/1 cuillère à soupe d'huile d'olive
2 oignons, finement hachés
60 ml/4 cuillères à soupe de pignons de pin grillés
25 g de foie d'agneau ou de volaille coupé en petits morceaux
30 ml/2 cuillères à soupe de groseilles ou de raisins secs
2 tomates blanchies, pelées et hachées

Faites cuire le riz dans l'eau et salez dans une grande assiette ou un bol comme indiqué, en ajoutant le bâton de cannelle. Mettre de côté.

Placer le beurre et l'huile dans un bol de 1,25 litre/2¼ pt/5½ tasse et faire chauffer, à découvert, à feu vif pendant 1 minute. Mélanger tous les autres ingrédients, couvrir d'une assiette et cuire à feu vif pendant 5 minutes en remuant deux fois. Remuez délicatement le riz chaud avec une fourchette. Couvrir comme avant et chauffer à feu vif pendant 2 minutes.

Riz thaï à la citronnelle, feuilles de citron vert et noix de coco

Serviteur 4

Une merveille de délicatesse exquise, adaptée à tous les plats thaïlandais de poulet et de poisson.

250 g / 9 oz / 1 généreuse tasse de riz thaïlandais
400 ml/14 fl oz/1¾ tasse de lait de coco en conserve
2 feuilles de citron vert fraîches
1 feuille de citronnelle fendue dans le sens de la longueur ou 15 ml/1 cuillère à soupe de feuilles de mélisse hachées
7,5 ml/1½ cuillère à café de sel

Versez le riz dans un plat de 1,5 litre/2½ pt/6 tasses. Versez le lait de coco dans un pichet doseur et remplissez à 600 ml/1 pt/2½ tasses d'eau froide. Chauffer, à découvert, à pleine puissance pendant 7 minutes jusqu'à ce que le mélange bouillonne et bouillonne. Mélangez délicatement le riz avec tous les autres ingrédients. Couvrir d'un film alimentaire (film alimentaire) et couper en deux pour permettre à la vapeur de s'échapper. Cuire complètement pendant 14 minutes. Laisser agir 5 minutes. Découvrez et retirez la citronnelle, le cas échéant. Fourchez délicatement et mangez immédiatement le riz légèrement mou et collant.

Gombo au chou

Pour 6 personnes

Une curiosité du Gabon, douce ou épicée selon la quantité de piment qu'elle contient.

30 ml/2 cuillères à soupe d'huile d'arachide.
450 g de chou de Milan ou de chou finement râpé
200 g de gombo (doigts de dame), assaisonné, équeuté et coupé en morceaux
1 oignon, râpé
300 ml/½ pt/1¼ tasse d'eau bouillante
10 ml/2 cuillères à café de sel
45 ml/3 cuillères à soupe de pignons de pin légèrement grillés sous le gril (gril)
2,5-20 ml/¼-4 cuillères à café de poudre de chili

Versez l'huile dans une casserole de 2,25 pintes/4 pt/10 tasses (faitout). Incorporer les légumes et le gombo, suivis des autres ingrédients. Bien mélanger. Couvrir d'un film alimentaire (film alimentaire) et couper en deux pour permettre à la vapeur de s'échapper. Cuire complètement pendant 7 minutes. Laisser agir 5 minutes. Cuire complètement pendant encore 3 minutes. Égoutter si nécessaire. et serviteur.

Chou rouge à la pomme

Pour 8 personnes

Magnifique avec du jambon cuit tiède, de l'oie et du canard, le chou rouge est d'origine scandinave et nord-européenne, un accompagnement aigre-doux et désormais plutôt astucieux, qui fonctionne mieux au micro-ondes, où il conserve une couleur rosée intense.

900 g de chou rouge
450 ml/¾ pt/2 tasses d'eau bouillante
7,5 ml/1½ cuillère à café de sel
3 oignons, finement hachés
3 pommes cuites (à tarte), pelées et râpées
30 ml/2 cuillères à soupe de cassonade légère et molle
2,5 ml/½ cuillère à café de graines de cumin
30 ml/2 cuillères à soupe de farine de maïs (amidon de maïs)
45 ml/3 cuillères à soupe de vinaigre de malt
15 ml/1 cuillère à soupe d'eau froide

Nettoyez le chou en enlevant toutes les feuilles extérieures meurtries ou endommagées. Coupez-le en quartiers et retirez la tige centrale dure, puis râpez-le le plus finement possible. Verser dans un plat de 2,25 litres/4 pt/10 tasses. Ajoutez la moitié de l'eau bouillante et 5 ml/1 cuillère à café de sel. Couvrir d'une assiette et cuire à feu vif pendant 10 minutes en retournant l'assiette quatre fois. Bien mélanger, puis ajouter le reste d'eau bouillante et le reste de sel, l'oignon, les pommes, le sucre et les graines de carvi. Couvrir d'un film alimentaire (film alimentaire) et couper en deux pour permettre à la vapeur de s'échapper. Cuire à feu vif pendant 20 minutes en retournant le plat quatre fois. Retirer du micro-ondes. Mélangez bien la farine de maïs avec le vinaigre et l'eau froide. Ajoutez le chou chaud et mélangez bien. Cuire à découvert pendant 10 minutes en remuant trois fois. Laisser refroidir avant de réfrigérer toute la nuit. Pour servir, couvrez à nouveau d'un film alimentaire frais et coupez deux fois pour permettre à la vapeur de s'échapper, puis réchauffez complètement pendant 5 à 6 minutes avant de servir. Vous pouvez également transférer les portions dans des assiettes latérales et couvrir chacune de papier absorbant, puis réchauffer individuellement pendant 1 minute chacune.

Chou rouge au vin

Pour 8 personnes

Préparez comme pour le chou rouge aux pommes, mais remplacez la moitié de l'eau bouillante par 250 ml/8 fl oz/1 tasse de vin rouge.

Choucroute norvégienne

Pour 8 personnes

900 g de chou blanc
90 ml/6 cuillères à soupe d'eau
60 ml/4 cuillères à soupe de vinaigre de malt
60 ml/4 cuillères à soupe de sucre en poudre
10 ml/2 cuillères à café de graines de cumin
7,5-10 ml/1½-2 cuillères à café de sel

Nettoyez le chou en enlevant toutes les feuilles extérieures meurtries ou endommagées. Coupez-le en quartiers et retirez la tige centrale dure, puis râpez-le le plus finement possible. Placer dans un plat de 2,25 litres/4 pt/10 tasses avec tous les ingrédients restants. Mélangez soigneusement avec deux cuillères. Couvrir d'un film alimentaire (film alimentaire) et couper en deux pour permettre à la vapeur de s'échapper. Cuire en décongelant pendant 45 minutes en retournant le plat quatre fois. Laisser à température de cuisson toute une nuit pour permettre aux arômes de mûrir. Pour servir, disposer des portions individuelles sur des assiettes latérales et couvrir chacune de papier absorbant. Chauffer individuellement à fond, en donnant environ 1 minute chacun. Couvrir soigneusement puis réfrigérer les restes.

Compote de gombo grec aux tomates

Pour 6 à 8 personnes

De nature très marginalement orientale, ce plat de légumes légèrement inhabituel est devenu une proposition viable maintenant que le gombo (doigts de dame) est plus largement disponible. Cette recette est excellente avec de l'agneau ou en plat unique, accompagnée de riz.

900 g de gombo, dessus et queue
Sel et poivre noir fraîchement moulu
90 ml/6 cuillères à soupe de vinaigre de malt
45 ml/3 cuillères à soupe d'huile d'olive
2 oignons pelés et finement hachés
6 tomates blanchies, pelées et hachées grossièrement
15 ml/1 cuillère à soupe de sucre brun clair et mou

Étalez le gombo sur une grande assiette plate. Saupoudrez de sel et de vinaigre pour réduire le risque que le gombo se fende et devienne visqueux. Laisser agir 30 minutes. Laver et sécher sur du papier absorbant. Versez l'huile dans un plat de 2,5 litres/4½ pt/11 tasse et ajoutez les oignons. Cuire à découvert pendant 7 minutes en remuant trois fois. Mélangez tous les autres ingrédients, y compris le gombo, et assaisonnez selon votre goût. Couvrir d'une assiette et cuire à feu vif pendant 9 à 10 minutes, en remuant trois ou quatre fois, jusqu'à ce que le gombo soit tendre. Laisser reposer 3 minutes avant de servir.

Légumes verts avec tomates, oignons et beurre de cacahuète

Pour 4 à 6 personnes

Essayez cette spécialité du Malawi avec des tranches de pain blanc en entrée végétarienne ou servez-la en accompagnement avec du poulet.

450 g de verdure de printemps (feuilles vertes), finement râpées
150 ml/¼ pt/2/3 tasse d'eau bouillante
5 à 7,5 ml/1 à 1½ cuillères à café de sel
4 tomates blanchies, pelées et tranchées
1 gros oignon, finement haché
60 ml/4 cuillères à soupe de beurre de cacahuète croquant

Placer les légumes dans un plat de 2,25 litres/4 pt/10 tasses. Incorporer l'eau et le sel. Couvrir d'un film alimentaire (film alimentaire) et couper en deux pour laisser s'échapper la vapeur. Cuire complètement pendant 20 minutes. Découvrez et incorporez les tomates, l'oignon et le beurre de cacahuète, couvrez comme avant et faites cuire à feu vif pendant 5 minutes.

Betteraves à la crème aigre-douce

Serviteur 4

Cette façon accrocheuse de présenter la betterave remonte aux années 1890, mais elle est aujourd'hui redevenue à la mode.

450 g de betteraves cuites (blette), grossièrement râpées
150 ml/¼ pt/2/3 tasse de crème double (épaisse).
sel
15 ml/1 cuillère à soupe de vinaigre
30 ml/2 cuillères à soupe de sucre demerara

Placer les betteraves dans un plat de 900 ml/1½ pt/3¾ tasse avec de la crème et du sel au goût. Couvrir d'une assiette et faire chauffer à feu vif pendant 3 minutes en remuant une fois. Incorporer le vinaigre et le sucre et servir immédiatement.

Betterave à l'orange

Pour 4 à 6 personnes

Un accompagnement vif et original pour les viandes et volailles de Noël.

450g de betterave cuite (betterave), pelées et tranchées
75 ml/5 cuillères à soupe de jus d'orange fraîchement pressé
15 ml/1 cuillère à soupe de vinaigre de malt
2,5 ml/½ cuillère à café de sel
1 gousse d'ail pelée et écrasée

Placer la betterave dans un plat peu profond de 18 cm de diamètre. Mélangez le reste des ingrédients et versez sur les betteraves. Couvrir d'un film alimentaire (film alimentaire) et couper en deux pour permettre à la vapeur de s'échapper. Cuire à feu vif pendant 6 minutes en retournant le plat trois fois. Laisser agir 1 minute.

Céleri-rave pelé

Pour 6 personnes

Un beau plat d'hiver de style gourmand, adapté aux poissons et volailles.

4 coupes maigres (tranches) de bacon, hachées
900 g/2 lb de céleri-rave (céleri-rave)
300 ml/½ pt/1¼ tasse d'eau froide
15 ml/1 cuillère à soupe de jus de citron
7,5 ml/1½ cuillère à café de sel
300 ml/½ pt/1¼ tasse de crème liquide (légère).
1 petit sachet de chips (chips), écrasées en sachet

Placer le bacon sur une assiette et couvrir de papier absorbant. Faire bouillir complètement pendant 3 minutes. Nettoyez grossièrement le céleri-rave, lavez-le bien et coupez chaque tête en huit morceaux. Placer dans un plat de 2,25 litres/4 pt/10 tasses avec de l'eau, du jus de citron et du sel. Couvrir d'un film alimentaire (film alimentaire) et couper en deux pour permettre à la vapeur de s'échapper. Cuire à feu vif pendant 20 minutes en retournant le plat quatre fois. Vidange.

Tranchez le céleri-rave et remettez-le dans l'assiette. Mélanger les lardons et la crème et parsemer de chips. Cuire à découvert pendant 4 minutes en retournant la plaque deux fois. Laisser reposer 5 minutes avant de servir.

Céleri à la sauce hollandaise à l'orange

Pour 6 personnes

Céleri recouvert d'une couche glorieusement dorée et brillante de sauce hollandaise aux agrumes, à déguster avec du canard et du gibier.

900 g/2 lb de céleri-rave (céleri-rave)
300 ml/½ pt/1¼ tasse d'eau froide
15 ml/1 cuillère à soupe de jus de citron
7,5 ml/1½ cuillère à café de sel
Sauce maltaise
1 orange très douce, pelée et coupée en quartiers

Nettoyez grossièrement le céleri-rave, lavez-le bien et coupez chaque tête en huit morceaux. Placer dans un plat de 2,25 litres/4 pt/10 tasses avec de l'eau, du jus de citron et du sel. Couvrir d'un film alimentaire (film alimentaire) et couper en deux pour permettre à la vapeur de s'échapper. Cuire à feu vif pendant 20 minutes en retournant le plat quatre fois. Vidange. Tranchez le céleri-rave et remettez-le dans l'assiette. Rester au chaud. Préparez la sauce maltaise et versez-la sur le céleri-rave. Garnir avec les morceaux d'orange.

Ragoût de légumes minceur

Serviteur 2

Préparez comme pour le pot à poisson de Slimmer, mais omettez le poisson. Ajoutez la pulpe coupée en dés de 2 avocats aux légumes cuits avec les épices et les herbes. Couvrir et chauffer à feu vif pendant 1 1/2 minutes.

Casserole de légumes avec des œufs plus minces

Serviteur 2

Préparez comme pour la cocotte de légumes Slimmer's, mais saupoudrez chaque portion d'1 œuf dur haché.

Ratatouille

Pour 6 à 8 personnes

Une explosion de saveurs et de couleurs méditerranéennes fait partie de cette glorieuse cocotte-pourri de légumes. Chaud, froid ou chaud, cela semble aller avec tout.

60 ml/4 cuillères à soupe d'huile d'olive
3 oignons pelés et hachés grossièrement
1-3 gousses d'ail, écrasées
225 g de courgettes (courgettes), tranchées finement
350 g/12 oz/3 tasses d'aubergines en dés (aubergine)
1 gros poivron rouge ou vert, épépiné et haché
3 tomates mûres, pelées, blanchies et hachées
30 ml/2 cuillères à soupe de purée de tomates (pâte)
20 ml/4 cuillères à café de cassonade légère et molle
10 ml/2 cuillères à café de sel
45 à 60 ml/3 à 4 cuillères à soupe de persil haché

Versez l'huile dans un plat de 2,5 litres/4½ pt/11 tasses. Chauffer à découvert pendant 1 minute maximum. Ajouter l'oignon et l'ail et cuire à découvert pendant 4 minutes. Incorporer tous les ingrédients restants sauf la moitié du persil. Couvrir d'une assiette et cuire à feu vif pendant 20 minutes en remuant trois ou quatre fois. Découvrir et cuire à feu vif pendant 8 à 10 minutes, en remuant quatre fois, jusqu'à ce que la majeure partie du liquide se soit évaporée. Incorporer le reste du persil. Servir immédiatement ou laisser refroidir, couvrir et réfrigérer si vous mangez plus tard.

Panais caramélisés

Serviteur 4

Idéal pour tous les rôtis de volaille et de bœuf, choisissez pour cela des bébés panais pas plus gros que de grosses carottes.

450 g de petits panais, tranchés finement
45 ml/3 cuillères à soupe d'eau
25 g/1 oz/2 cuillères à soupe de beurre
7,5 ml/1½ cuillères à soupe de cassonade foncée et molle
sel

Placer les panais dans un plat de 1,25 litre/2¼ pt/5½ tasse avec de l'eau. Couvrir d'un film alimentaire (film alimentaire) et couper en deux pour permettre à la vapeur de s'échapper. Cuire à feu vif pendant 8 à 10 minutes, en retournant le plat et en secouant doucement le contenu deux fois jusqu'à ce qu'il soit tendre. Versez l'eau. Ajoutez le beurre et le sucre et retournez les panais pour bien les enrober. Chauffer à découvert pendant 1 à 1½ minutes maximum, jusqu'à ce que le tout soit glacé. Saupoudrez de sel et mangez immédiatement.

www.ingramcontent.com/pod-product-compliance
Lightning Source LLC
Chambersburg PA
CBHW070401120526
44590CB00014B/1210